AF195940

André Hille

Wir
vom
Jahrgang
1974

Kindheit und Jugend

Impressum

Bildnachweis:

Privatarchiv Hille: Umschlag, S. 4–6 o., 7 u.–9, 10 u.–14 o., 15–17 o., 18, 19, 21–23, 25–30, 32 o., 33–38, 40–45, 46 u., 48, 50–54, 56 u.–61 o., 62, 63; Picture-alliance/ASA/Werek/ Natascha Haupt: S. 6 u.; picture-alliance/dpa/Klaus-Dietmar Gabbert: S. 24 o.; Ullstein bild – ADN-Bildarchiv: S. 7 o., 20, 32 u.; ullstein bild – Messerschmidt: S. 10 o.; ullstein bild – Winkler: S. 14 u.; ullstein bild – Thie: S. 17 u.; ullstein bild – Meißner: S. 31; ullstein bild – Günter Schneider: S. 39; ullstein bild – imageBROKER: S. 56 o.; Unbekannt: 24 u.; Bauer Media KG: S. 46 o.; Copyright für das Mosaik von Hannes Hegen: Tessloff Verlag, Nürnberg: S. 49; Bill Bertram, CC BY-SA 2.5, via Wikimedia Commons: S. 61 u.;

Wir danken allen Lizenzträgern für die freundliche Abdruckgenehmigung.
In Fällen, in denen es nicht gelang, Rechtsinhaber an Abbildungen zu ermitteln, bleiben Honoraransprüche gewahrt.

5., überarbeitete Neuauflage 2023
Alle Rechte vorbehalten, auch die des auszugsweisen
Nachdrucks und der fotomechanischen Wiedergabe.
Gestaltung und Satz: r2 | Ravenstein, Verden
Druck: Druck- und Verlagshaus Thiele & Schwarz GmbH, Kassel
Buchbinderische Verarbeitung: Buchbinderei S. R. Büge, Celle
© Wartberg-Verlag GmbH
34281 Gudensberg-Gleichen • Im Wiesental 1
Telefon: 056 03/9 30 50 • www.wartberg-verlag.de
ISBN: 978-3-8313-3174-1

Vorwort

Liebe 74er!

Eigentlich war es langweilig und auch nicht viel anders als im Westen, sagte einmal jemand über seine Jugend in der DDR. Soll heißen: Wir hatten im Osten dieselben großen und kleinen Sorgen der Jugend und Pubertät wie unsere Altersgenossen jenseits der Mauer: erste Liebe, Schulnoten, Stress mit den Eltern. Aber halt, da war doch was. GST und Simson S 51, Kassettenrecorder SKR 700 und Fahnenappelle. Die drei großen W (nein, nicht das world wide web, das war damals so weit weg wie der Mond), sondern Westfernsehen, Westpakete, Westbesuch. So sehr der Staat uns gen Osten orientieren wollte, unser Blick ging doch immer wieder nach Westen. Was wäre Weihnachten gewesen ohne Milka-Schokolade, Matchbox-Autos oder die getragene, nichtsdestotrotz „fetzige" Jeans aus dem Westpaket?

Für vieles waren wir noch zu jung, doch einiges haben wir trotzdem mitbekommen. Da war das Munkeln über die Stasi, da war die Doppelzüngigkeit in der Schule, die Umweltverschmutzung. Wir hatten Glück, dass wir die dunkle Seite dieses Staates nicht kennengelernt haben, dass wir nicht drei Jahre zur Armee mussten, um studieren zu dürfen, Glück vielleicht auch, nicht vor die eine oder andere Wahl gestellt worden zu sein. Wir erlebten einen Staat, der immer nur seine Überlegenheit pries und dabei längst in der Auflösung begriffen war. Mitten in der Pubertät haben wir einen der bedeutendsten Umbrüche des 20. Jahrhunderts hautnah miterlebt. Eigentlich lief es für uns genau richtig: Die Wende erwischte uns, bevor es richtig ernst wurde. Und die guten Seiten unserer kuscheligen DDR haben wir trotzdem mitgenommen. Immerhin können wir unseren Kindern mal erzählen: Wir sind dabei gewesen! Wir haben noch echten Sozialismus erlebt, mit Sero-Sammelstellen, Gruppennachmittagen und endlosen Sommerferien an der Ostsee. Wir haben drei Währungen, zwei Systeme und einen Jahrtausendwechsel erlebt. Von wegen langweilig!

André Hille

1974-1976

Kinder, Kinder

Ein neuer Mensch guckt in die Welt, ein echter 74er.

Unser Jahrgang!

Manche von uns 74ern wurden gleich am Jahresanfang geboren, als die DDR für den grenzüberschreitenden Kraftwagenverkehr das Autokennzeichen „DDR" einführte, das seither so manches Trabiheck zierte, ohne dass der Trabi jemals eine Grenze überfahren sollte. Manche wurden im März geboren, als das Kultmärchen „Drei Haselnüsse für Aschenbrödel" zum ersten Mal ausgestrahlt wurde, manche im April, als die Entlarvung Günter Guillaumes als DDR-Spion die politischen Wogen hochschlagen ließ. Einige ließen sich Zeit bis zum Sommer, in dem die Fußballweltmeisterschaft mit dem Tor von Jürgen Sparwasser ihren ersten Höhepunkt erreichte oder die 19-jährige Nina Hagen mit dem Lied „Du hast

Chronik

1. Januar 1974
In der DDR wird anstelle des Autokenn-
zeichens „D" das Kennzeichen „DDR"
eingeführt.

2. Mai 1974
Die beiden deutschen Staaten richten
ständige Vertretungen in den Hauptstäd-
ten ein.

22. Juni 1974
Jürgen Sparwasser schießt die Fußball-
nationalmannschaft der DDR zum 1:0-Sieg
gegen die Bundesrepublik Deutschland.
Zwei Wochen später wird die BRD durch
einen 2:1-Sieg über die Niederlande in
München Fußballweltmeister.

4. März 1975
Charlie Chaplin wird durch Königin
Elisabeth II. von England zum Ritter
geschlagen.

25. März 1975
Österreich erkennt als erstes westliches
Land die Existenz einer eigenen DDR-
Staatsbürgerschaft an.

30. März 1976
Zwischen der Bundesrepublik und der DDR
wird ein Abkommen über die Verbesserung
der Post- und Fernmeldeverbindungen
unterzeichnet.

9. Mai 1976
Die RAF-Terroristin Ulrike Meinhof wird
erhängt in ihrer Zelle aufgefunden.

19. Juni 1976
König Karl XVI. Gustav von Schweden
heiratet in Stockholm die deutsche
Stewardess Silvia Sommerlath.

29. Oktober 1976
Horst Sindermann wird Präsident der
Volkskammer, Erich Honecker Vorsitzender
des Staatsrates und Willi Stoph Vorsitzender des Ministerrates.

16. November 1976
Während einer Tournee des Liedermachers
Wolf Biermann durch die Bundesrepublik
beschließt das Politbüro der DDR dessen
Ausbürgerung.

den Farbfilm vergessen" Kultstatus
erlangte. Und manche warteten bis
zum Ende des Jahres, als die DDR und
die USA zum ersten Mal diplomatische
Beziehungen aufnahmen oder Brigitte
Reimanns bewegender Roman „Fran-
ziska Linkerhand" erschien. So oder so
– 74 sollte ein aufregender und guter
Jahrgang werden!

Ist der auch echt?

Kinder, Kinder

In der DDR begann alles ein wenig
früher. Der erste Kuss, das erste Mal,
das erste Kind, die erste Hochzeit, die
erste Scheidung. Eine Frau, die mit 25
ihr erstes Kind bekam, galt bereits als
Spätgebärende und wurde im Kran-
kenhaus schief angesehen. Mutter
wurde man in der DDR möglichst
schon mit 18 oder 19 und sei es nur,
weil man sonst als Paar keine Woh-
nung zugeteilt bekam. Für jedes Kind
gab es 1000 Mark „Begrüßungsgeld"

1. bis 3. Lebensjahr

Drei Generationen:
Oma, Mutter und Kind.

und die Möglichkeit, 5000 Mark zinslosen Ehe-kredit aufzunehmen – je jünger die Familie, umso größer die Chance, diesen Kredit zu erhalten.

Doch der Preis für diese Ehe- und Familienpolitik war hoch: Die Scheidungsrate in der DDR war eine der höchsten weltweit. Viele Familienverhält-nisse in der DDR waren antibürgerlich. Frühe Scheidung, erneute Hochzeit, drei Kinder aus zwei Ehen oder alleinerziehend – das war die Kehrseite der Kinderpolitik und der hohen Belas-tung durch die Vollbeschäftigung der Mütter. Vor der Entbindung hatten die Mütter sechs Wochen Schwangerschaftsurlaub und noch einmal sechs Wochen danach, dann mussten sie wieder arbeiten und die Kinder kamen in die Kinderkrippe. Manche Mütter beantragten zusätzlich ein Jahr unbezahlten Urlaub, das war dann aber auch schon die maximale Zeit, die die Betriebe unsere Mütter entbehren konnten. Spätestens mit einem Jahr saßen wir bei der Krippenerzieherin auf dem Töpfchen – die Rundumbegleitung der kleinen sozialistischen Persönlichkeiten begann.

Fußballheld Sparwasser

Der 22. Juni 1974 war der große Tag des Jürgen Sparwasser. Damals traten die beiden deutschen Teams – das der DDR und das der Bundesrepublik – zum „Bruder-Duell" bei der Fußball-WM an – zum ersten und einzigen Spiel, bei dem sich die deutschen Mannschaften auf internationalem Rasen je begegnet sind. In der 79. Minute zog der 26-jährige Magdeburger an Berti Voigts und Franz Beckenbauer vorbei, ließ Sepp Maier alt aussehen und traf zum entscheidenden 1:0 für die DDR. Die DDR wurde dadurch unerwartet Gruppensieger der Gruppe A,

Der Held von 1974: Jürgen Sparwasser.

musste sich dann jedoch Brasilien geschlagen geben. Die BRD gewann das Turnier nach einem 2:1-Sieg über die Niederlande im Finale von München. Den dritten Platz belegte Polen.

Töpfchen und Sechssitzer

Unsere Mütter gaben den Kindergärtnerinnen am Morgen einen Haufen Stoffwindeln, Leibchen und Wechselwäsche mit und nahmen die dreckige Wäsche am Nachmittag wieder mit nach Hause, um sie in riesigen Töpfen im Keller zu kochen. Zum Mittag gab es gequetschtes Mischgemüse und weiche Schnittchen und jede Stunde wurden wir kollektiv aufs Töpfchen gesetzt – Gleichschaltung pur: Man musste nicht, wenn man musste, sondern wenn die Erzieherin wollte. Trotzdem fühlten wir uns unter den anderen Kindern wohl, wir spielten mit Bauklötzen, malten, was das Zeug hielt, und bei schönem Wetter wurden wir in die berühmten Sechssitzer gesteckt und durch die Stadt geschoben – wie bequem.

Alle Eltern hatten Anspruch auf einen kostenlosen Krippenplatz, die Krippen waren in der Regel von 6 bis 17 Uhr geöffnet. Über 90 Prozent der Frauen in der DDR arbeiteten voll, die meisten davon in der Produktion. Das hieß zwar doppelte Belastung durch Beruf und Haushalt, aber auch Emanzipation. Die DDR-Frauen waren selbstbewusst und pragmatisch, weil sie ihr eigenes Geld verdienten, täglich „ihren Mann" standen und nebenbei noch die Familie jonglierten. Zur Emanzipation gehörte auch, dass das Abtreibungsrecht sehr liberal war. Während die Westfrauen Mitte der 70er-Jahre mit Slogans wie „Mein Bauch gehört mir" demonstrierten, konnten die Ostfrauen relativ problemlos eine „Schwangerschaftsunterbrechung" vornehmen.

Ans Töpfchen wurden wir früh gewöhnt.

Schon reif für die Kinderkrippe?

1. bis 3. Lebensjahr

Malimo und Zekiwa

Da es damals oft an Material mangelte, strickten unsere Mütter uns Kleidung aus Wolle oder, weil die oft knapp war, aus einem Material mit dem abenteuerlichen Namen Malimo (nach dem Erfinder Mauersberger aus Limbach-Oberfrohna). Hose und Pullover kratzten und wurden mit jeder Wäsche länger, sodass aus einem Pullover schnell mal ein Kleid wurde. Mit Florena Creme, die in ihrer weiß-blauen Optik ein wenig an Nivea aus dem Westen erinnerte, wurden wir eingecremt und in unserem Zekiwa (Zeitzer Kinderwagen) mit Plasteverkleidung durch die Stadt geschoben. Unsere Mütter fütterten uns mit Milasan oder geraspelten Äpfeln und manchmal durften wir sogar auf einem Filinchen knabbern.

Ein echter Zeitzer Kinderwagen?

Strick am ganzen Körper.

Guillaume und Brandt

Eine der größten deutsch-deutschen Affären war die Entlarvung des Kanzler-referenten Günter Guillaume als Spion im Jahr 1974, die zum Rücktritt Willy Brandts führte.

1956 wurde das Ehepaar Christel und Günter Guillaume im Auftrag des MfS in die BRD eingeschleust. Beide machten zielgerichtet Karriere in der SPD. Seit März 1973 gab es langwierige Ermittlungen durch den Verfassungsschutz, die am 24. April 1974 zur Verhaftung des Ehepaars führten. Doch Guillaumes Ausruf bei der Verhaftung „Ich bin Bürger der DDR und ihr Offizier – respektieren

Sie das!" blieb der einzige Beweis für seine Spionagetätigkeit. Am 6. Mai 1974 trat Bundeskanzler Willy Brandt zurück, Amtsnachfolger wurde Helmut Schmidt.

Die Guillaume-Affäre führte zur Verstimmung im politischen Verhältnis der beiden deutschen Staaten, auch wenn Erich Honecker später erklärte, er hätte nichts von dem Kundschafter gewusst. Günter Guillaume wurde zu 13 Jahren Gefängnisstrafe verurteilt, seine Frau zu acht. 1981 wurde er im Wege des Agentenaustauschs aus der Haft entlassen und bildete in der DDR als „Kundschafter des Friedens" neue Agenten aus.

Politische Eiszeit

Während wir noch in unseren Frotteebaby-
anzügen schlummerten, brach mit dem
IX. Parteitag der SED 1976, auf dem Erich
Honecker zum Generalsekretär gewählt
wurde, politisch die nächste „Eiszeit" an.
Noch im selben Jahr wurde der Schriftsteller
Rainer Kunze aus dem Schriftstellerverband
der DDR ausgeschlossen und kurz darauf

Die große Politik störte
unsere Ruhe noch nicht.

Wolf Biermann, der im Westen auf Konzerttournee war, die Staatsbürgerschaft
aberkannt. Dutzende Intellektuelle, unter anderem Sarah Kirsch, Christa Wolf,
Volker Braun oder Franz Fühmann, protestierten in einem offenen Brief gegen
diese Maßnahme, doch die Betonköpfe in der Volkskammer waren nicht von
ihrem Kurs abzubringen. Der Protest endete mit Verhaftung, Parteiausschluss,
Ausbürgerung, Exmatrikulation oder Berufsverbot. Manche bezeichneten im
Nachhinein die Ausbürgerung Wolf Biermanns und das Unterdrücken der
immer lauter werdenden kritischen Stimmen als den Anfang vom Ende der
DDR. Doch das gemeine Volk
lehnte sich (noch) nicht explizit
gegen den Staat auf. Man hatte
seine Nische gefunden. Wer
seinen Mund hielt und mitmachte
bei der „Doppelmoral", konnte im
Großen und Ganzen ruhig leben.
Offiziell feierte sich der Staat in
grandiosen Inszenierungen selbst
– bei der Eröffnung des Palastes
der Republik, beim IX. Parteitag
der SED oder der Wahl der
7. Volkskammer – doch die
Realität wurde von der Politiker-
kaste immer stärker ausgeblendet.

Brüderchen und Schwesterchen.

Der Palast der Republik im Jahr 1977.

Ein „Ballast" fürs Volk

Am 23. April 1976 wurde der Palast der Republik eingeweiht, das neue Status- symbol der modernen DDR. Er war eines der größten und modernsten Gebäude seiner Art in Europa: Das Mehrzweck- gebäude war gleichzeitig Parlaments- und Kulturgebäude, 180 Meter lang und 85 Meter breit. Der Palast war ein Stahl- skelettbau (asbestummantelt, was ihm 30 Jahre später zum Verhängnis werden sollte) und beherbergte einen großen Saal für Kongresse und kulturelle Aufführungen mit Platz für bis zu 5000 Personen.

Die Foyerhalle (86 Meter lang, 42 Meter breit) wurde durch eine fünf Meter hohe gläserne Blume geschmückt, an den Wänden der Seitengänge hingen groß- formatige Malereien des sozialistischen Realismus, etwa von Tübke, Mattheuer oder Womacka.

Wegen der immensen Baukosten wurde der Palast im Volksmund gern auch mal „Ballast der Republik" genannt oder, wegen der diversen runden Lampen an der Decke, „Erichs Lampenladen".

Sondermarke für den Palast der Republik.

Der neue Beat

Obwohl die SED-Spitze über schädliche „Beatmusik", Gammler und Rowdytum wetterte und auch wenn „1968" in der DDR weitgehend ausgefallen war, hörten unsere Eltern die Musik aus dem fernen Westen: Simon & Garfunkel, Scott McKenzie oder The Beatles. Im Osten wurden zu jener Zeit die Puhdys, Karat oder die Gruppe Magdeburg groß. Doch nur, wenn ihre Texte unpolitisch oder derart verschlüsselt waren, dass nicht einmal die DDR-Zensur verstand, was damit gemeint war, konnten sie bestehen. Wer es zu arg mit dem „Beat" trieb, wurde mit Berufsverbot belegt oder ausgewiesen, so wie 1975 die aus den „Butlers" hervorgegangene „Renft Combo". Kuschelweich hingegen sang Veronika Fischer den „Blues von der letzten Gelegenheit" oder „Klavier im Fluß", doch das ging uns alles noch nicht allzu viel an, wenn wir todmüde morgens um sechs in die Kinderkrippe mussten.

Auf dem Weg zur Kinderkrippe.

Prominente 74er

10. Jan.	**Sabrina Setlur,** *deutsche Rapperin*	1. Juni	**Alanis Morissette,** *kanadische Sängerin und Musikerin*
16. Jan.	**Kati Winkler,** *deutsche Eiskunstläuferin*	30. Juni	**Juli Zeh,** *deutsche Schriftstellerin und Juristin*
13. Feb.	**Robbie Williams,** *britischer Musiker und Entertainer*	22. Juli	**Franka Potente,** *deutsche Schauspielerin*
5. März	**Barbara Schöneberger,** *deutsche Fernsehmoderatorin*	2. Okt.	**René Sommerfeldt,** *deutscher Skilangläufer*
8. März	**Christiane Paul,** *deutsche Schauspielerin*	20. Nov.	**Kurt Krömer,** *deutscher Kabarettist und Comedian*
17. April	**Victoria Beckham,** *britische Popsängerin*	4. Dez.	**Anke Huber,** *deutsche Profi-Tennisspielerin*
28. April	**Penélope Cruz Sánchez,** *spanische Schauspielerin*	31. Dez.	**Bastian Böttcher,** *erster deutschsprachiger Rap-Poet*

1. bis 3. Lebensjahr

1977-1979

Leere Regale, Frauentag und Spejbl

Kollektiver Mittagsschlaf?

Malen im Kindergarten

Nahtlos ging es nach der Kinderkrippe weiter mit dem Kindergarten. Im Alter von drei bis sechs brachten uns unsere Mütter jeden Morgen mit dem Fahrrad dorthin – meist auf harten, auf der Stange montierten Kindersitzen – bevor sie selbst weiter zur Arbeit fuhren. Aufstehen mussten wir in der Regel zu unchristlichen Zeiten. Noch schlimmer als das frühe Aufstehen war nur der kollektive Mittagsschlaf. Liegen wurden aufgestellt, der Raum verdunkelt und dann hieß es: Zwei Stunden ruhen, ob man müde war oder nicht. Man quälte sich, noch erhitzt vom Spielen, durch die erste Stunde, bevor man in der zweiten dann doch noch einschlummerte. Wir bauten Türme aus Klötzchen, wir stritten und vertrugen uns – bei mindestens 18 Kindern in einer

Chronik

Erste Werke eines begnadeten Künstlers:
„Fröhliches Ernten" und „Concorde und Indianer".

17. Februar 1977
Erich Honecker bestätigt, dass 10 000 DDR-Bürger Ausreiseanträge gestellt haben. Reiseerleichterungen will er nur bei Anerkennung der DDR gewähren.

20. Juni 1977
Der Schauspieler und Sänger Manfred Krug verlässt die DDR.

25. Juni 1977
Mit einer feierlichen Grundsteinlegung beginnt in Dresden der Wiederaufbau der Semper-Oper.

29. Juni 1977
Zum ersten Mal wird auf der documenta in Kassel mit Bernhard Heisig, Wolfgang Mattheuer, Willi Sitte, Werner Tübke und Fritz Cremer Kunst aus der DDR gezeigt.

15. Januar 1978
Die DDR verweigert dem CDU-Vorsitzenden Helmut Kohl die Einreise nach Ostberlin.

8. Mai 1978
Reinhold Messner und Peter Habeler besteigen als erste Bergsteiger den Mount Everest ohne Sauerstoffgerät.

26. August 1978
Sigmund Jähn startet als erster deutscher Kosmonaut ins All.

1. September 1978
In den Schulen der DDR wird in den Klassen 9 und 10 der Wehrunterricht eingeführt.

16. Oktober 1978
Der polnische Kardinal Karol Wojtyla wird zum neuen Papst gewählt. Papst Johannes Paul II. ist seit 455 Jahren der erste nicht-italienische Papst.

4. Mai 1979
Margaret Thatcher wird erste Premierministerin Großbritanniens.

23. Juli 1979
In Ostberlin wird das erste Solarium eröffnet.

27. Dezember 1979
Der Einmarsch der Sowjets in Afghanistan löst eine schwere Ost-West-Krise aus.

Gruppe mussten wir uns ohnehin eher mit uns selbst beschäftigen, als dass von gezielter Erziehung die Rede sein konnte. Wir malten viel, wobei schon früh Wert auf den 1. Mai oder mit Fähnchen winkende Menschen gelegt wurde – doch die meisten Bilder handelten ganz unverbindlich von den Jahreszeiten, von der Natur oder von Tieren. Unsere Lieder: „Summ, summ, summ, Bienchen summ herum", „Ein Männlein steht im Walde", „Zeigt her eure Füßchen" oder „Fuchs du hast die Gans gestohlen". Wir haben gelernt, die Schuhe mit einer Schleife zuzubinden und die Zähne ordentlich zu putzen. Wir haben mit Schere und Leim gebastelt, Kastanien gesammelt und Figuren daraus gebaut, bis uns um vier oder fünf unsere Eltern abholten.

4. bis 6. Lebensjahr

Reihenuntersuchung

Für die Gesundheit der Kinder wurde in der DDR viel getan. Regelmäßig kam ein Zahnarzt in den Kindergarten und später in die Schule und untersuchte die Kinder – ein Termin, vor dem wir riesige Angst hatten. Es gab kostenlose Reihenuntersuchungen, alle Impfungen waren Pflicht und wurden im Kindergarten oder in der Schule vorgenommen. Mütter mussten monatlich zur Mütterberatung, wo Tipps und Ratschläge zur Erziehung gegeben wurden. Manchmal tauchte die zuständige Dame der Mütterberatung unangemeldet zu Hause auf und schaute nach, ob und wie die Mütter mit den Kindern zurechtkamen. Dieses hohe Maß an Kontrolle konnte Verwahrlosung zwar nicht verhindern, aber doch stark reduzieren. Vater Staat hatte immer ein Auge auf uns, wir wurden rundum versorgt, immer war da jemand, der auf uns achtete und auf uns aufpasste – im guten wie im negativen Sinn.

Der ist kerngesund.

Unser Sandmännchen.

Sandmännchen

Das Ostsandmännchen war schon immer viel besser als das westdeutsche. Das sagten selbst unsere Verwandten aus dem Westen. Um zehn vor sieben tauchte der Sandmann mit seinem Spitzbärtchen, seinem Sandsack und der typischen Melodie „Sandmann, lieber Sandmann" auf. Das hieß für uns noch eine Viertelstunde Schonfrist, bevor wir ins Bett mussten. Der Sandmann erzählte uns tolle Geschichten von Herrn Fuchs und Frau Elster oder Pittiplatsch und Schnatterinchen. Der Hund Moppi mit der tiefen Stimme war natürlich auch dabei. Dann stieg der Sandmann in seinen Hubschrauber oder ein anderes seiner abenteuerlichen Gefährte und streute uns virtuellen Sand in die Augen, was uns nicht wirklich müder machte, aber für unsere Eltern das Zeichen war, uns ins Bett zu bringen – leider, denn danach fingen die spannenden Sachen im Fernsehen doch eigentlich erst an!

„Ich krieg' dich"

Gerne gesehen haben wir auch die beiden russischen Zeichentrickfiguren Wolf und Hase. In jeder Folge versuchte der Wolf den Hasen zu fangen und, ähnlich wie beim amerikanischen Roadrunner und Coyote, endete die Jagd immer damit, dass der Wolf das Nachsehen hatte und dem Hasen mit drohender Geste hinterherrief: „Nu sajaz, nu pogodi! – Na warte, ich krieg' dich!" Ebenso gern schauten wir der tschechischen Familie um Spejbl und Hurvínek zu, die Marionetten mit den großen Ohren und den markanten Stimmen, die sich in endlosen, lustigen Dialogen ergingen, wobei meistens der Sohn den Vater mit Fragen löcherte. Doch genauso nahe waren uns die Figuren des West-Kinderfernsehens: Biene Maja und Willi, Heidi in den Bergen und später die Schlümpfe. Wir liebten die im Ostblock produzierten Märchen, die bis heute Kultstatus haben.

Leere Regale

Während wir unbefangen im Kindergarten spielten, nahm draußen die große Weltpolitik ihren Lauf. Ein Grundlagenvertrag zwischen DDR und BRD führte zu leichten Entspannungen zwischen beiden deutschen Staaten. Trotzdem kam es Ende der 70er-Jahre zu massiven Protesten von Künstlern und Intellektuellen in der DDR. Viele Autoren hatten endgültig die Nase voll, protestierten, reisten aus, wurden ausgewiesen. So manchem drängte sich allerdings der

Verdacht auf, dass die Staatsführung damit nur von den zunehmenden wirtschaftlichen Problemen ablenken wollte. Der wachsende Bedarf an Konsumgütern konnte nicht mehr gedeckt werden, die Regale in Konsum und HO blieben oft leer, obwohl die DDR innerhalb der RGW-Länder ("Rat für gegenseitige Wirtschaftshilfe") noch eines der reichsten Länder war und den Neid von Polen, Tschechen oder Russen auf sich zog. Trotzdem zeichnete sich bereits in dieser Zeit ab, dass Planwirtschaft und Produktivität nicht recht zusammenpassen wollten. Die "Mangelwirtschaft" ließ sich vor den Menschen, die durch das Westfernsehen die bunte Warenwelt vor Augen hatten, immer schlechter verbergen.

Auch beim Faschingskostüm wurde improvisiert.

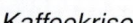

Kaffeekrise

1976/1977 kam es aufgrund der stark steigenden Weltmarktpreise für die beliebten Bohnen zur "Kaffeekrise" in der DDR. Alexander Schalck-Golodkowski schlug Günter Mittag vor, das gesamte Kaffeeangebot zu reduzieren sowie den "Ausschank von Bohnenkaffee in den Gaststätten völlig einzustellen". Durch die radikale Erhöhung des Kaffeepreises auf 120 Mark je Kilogramm (!) rechnete man mit einem Rückgang des Kaffeeverbrauches um 30 % und damit, dass eine "Zunahme der Versorgung durch grenzüberschreitenden Päckchen- und Paketverkehr erfolgen wird". Honecker wurde von Vertrauten vor den Folgen gewarnt: „Die Maßnahme wird auf kein Verständnis stoßen und große Unzufriedenheit auslösen." Trotzdem wurde am 26. Juli 1977 beschlossen, in allen staatlichen Einrichtungen, der NVA sowie den Kantinen nur noch den neuen „Kaffee-Mix" anzubieten. Dieser bestand aus 51 % Röstkaffee, 5 % Zichorie, 5 % getrockneten Zuckerrübenschnitzeln, 5 % Spelz und 34 % Roggen-Gerste-Gemisch. Der Volksmund titulierte den neuen Mischkaffee als „Erichs Krönung". Der Kaffee war ungenießbar und es kam zu einer nie dagewesenen Welle von Eingaben. Die SED-Führung versuchte gegenzusteuern, indem die Mischung geändert wurde – ohne Erfolg. Schließlich musste sie eilig im Tausch gegen Fertigerzeugnisse Rohkaffee aus diversen Erzeugerländern „organisieren".

Brötchen für fünf Pfennig

Die Auswahl an Produkten wurde zwar
immer kleiner, aber die Grundnahrungsmittel gab es in der Regel zu kaufen
– dank Subventionen sogar zu sehr
günstigen Preisen. Ein Brötchen kostete
fünf Pfennig, ein Brot unter einer Mark.
Auf eine Postkarte musste man eine
Zehn-Pfennig-Marke kleben und für eine Straßenbahnfahrt 20 Pfennig bezahlen. Möwe Eierteigwaren kosteten 1,20 Mark, die H-Milch im dreieckigen
Tetrapak 55 Pfennig. Eine Zeit lang gab es Milch in durchsichtigen 1-Liter-
Tüten; wenn man aus der Tonne die unterste vom mit Milch bedeckten Grund

Große Kaufhalle mit kleiner Auswahl.

4. bis 6. Lebensjahr

herausfischen musste, war das ganz schön eklig. „Grundnahrungsmittel immer – Luxus nimmer" hätte das Motto von Honecker lauten können, denn ein S/W-Fernseher kostete weit über 4000 Mark, ein Farbfernseher sogar über 6000. Das Gute war: Kein stundenlanges Preisvergleichen, alles kostete überall gleich viel. Auf jedes Produkt war der EVP, der Einheitliche Verkaufspreis, aufgedruckt.

Was so ein Trabi alles aushalten muss.

Intershop

Inseln der Farbe im sozialistischen Einheitsgrau waren die Intershops, in die wir so manches Zweimarkstück (West) trugen, an das wir über Umwege gekommen waren. Bezahlt werden konnte sowohl mit D-Mark als auch mit anderen

Devisen, wie z. B. US-Dollar oder österreichischen Schilling. Um die Devisen noch besser abschöpfen zu können, wurden 1979 die Forum-Schecks eingeführt, Wertschecks, mit denen der DDR-Bürger im Intershop einkaufen konnte. Das Westgeld musste innerhalb von 24 Stunden im Verhältnis 1:1 in Forum-Schecks eingetauscht werden. Die Schecks ähnelten Banknoten, auch wenn sie kaum Sicherheitsmerkmale aufwiesen, und wurden aufgrund ihrer geringen Größe auch als Spielgeld bezeichnet. Kleinbeträge (etwa zehn West-Pfennig) wurden mit Naturalien „abgegolten", z. B. mit kleinen Milka-Schokoladentäfelchen oder Lollis.

„Spielgeld" für den Einkauf in Intershops.

Bescherung und bunte Teller

Die Vorfreude auf den Geburtstag wurde nur noch gesteigert von der Vorfreude auf Weihnachten, denn die vier Wochen vor dem Fest waren eine raffiniert ausgeklügelte Reihe an Bescherungen. Los ging es bereits am 1. Dezember. Wenn wir Glück hatten, kam der Weihnachtskalender aus dem Westen oder dem Intershop und hinter seinen Türchen verbarg sich leckere, in Formen gegossene Schokolode: Fußbälle, Weihnachtsmänner oder Blumen. Manchmal füllten wir diese Formen später mit flüssig gemachter Blockschokolade wieder auf – aber das funktionierte natürlich nicht und schmeckte nicht annähernd so gut. Am 6. Dezember kam der Nikolaus,

Endlich Weinachten.

wenn wir unsere blank gewienerten Schuhe vor die Tür oder ins Küchenfenster stellten, und brachte ein paar Kleinigkeiten, Apfelsinen, Nüsse, Süßigkeiten. Doch das große Finale war der Weihnachtstag: das Schmücken des Weihnachtsbaums, die bunten Teller und die Bescherung. Natürlich wussten wir, wo die Geschenke versteckt waren (im Schlafzimmerschrank), doch das trübte die Vorfreude nicht, sondern erhöhte sie sogar noch. Am späten Nachmittag des 24., nach einem Spaziergang, gab es dann die Bescherung, für die die kleinen Geschenke aus den Westpaketen das ganze Jahr

Das erste Farbfoto.

über gesammelt worden waren: Matchbox-Autos, Legosteine, neue Spiele. Die folgenden Tage wurden intensiv dazu genutzt, die neuen Spielzeuge auszuprobieren, während die Weihnachtsente im Ofen brutzelte.

Sigmund Jähn (rechts) und Waleri Bykowski nach der Rückkehr aus dem Weltraum.

Raumfahrt

Er war unser großer Held und unser Vorbild: Sigmund Werner Paul Jähn (geb. am 13. Februar 1937 im Vogtland) war der erste Deutsche im All. Als er am 26. August 1978 ins All aufbrach, war dies ein Sieg für den Osten. Das Neue Deutschland berichtete auf vier Sonderseiten. Doch trotz der üblichen Kalter-Krieg-Rhetorik gab es auch versöhnliche Töne. Vom „ersten Deutschen" im All wurde auf beiden Seiten gesprochen. Am 26. August 1978 flog er in der sowjetischen Sojus 31 zusammen mit Waleri F. Bykowski zur sowjetischen Raumstation Saljut 6. Der Flug dauerte sieben Tage, 20 Stunden und 49 Minuten.

Über Funk ließ er die Menschen auf der Erde wissen: „Liebe Fernsehzuschauer der Deutschen Demokratischen Republik. Ich bin sehr glücklich darüber, als erster Deutscher an diesem bemannten Weltraumflug teilnehmen zu dürfen."

Eine unerwartet harte Landung der Rückkehrkapsel Sojus 29 führte bei Jähn zu bleibenden Wirbelsäulenschäden. Da der Fallschirm sich nicht von der Landekapsel löste, wurde sie durch die Steppe geschleift.

Ähnlich wie der Braunkohleaktivist Adolf Hennecke oder der Friedensfahrer Täve Schur wurde Sigmund Jähn zum Volksheld in der DDR.

Medaille an der Bluse

Der Internationale Frauentag (8. März) war ein bedeutender Festtag im ganzen Land. Im Kindergarten oder im Hort bastelten und malten wir Wochen vorher Glückwunschkarten für unsere Muttis und Erzieherinnen, die den Tag auf ihre eigene Weise begingen, frei bekamen und bei Frauentagsfeiern einen draufmachten. Die Frauen bekamen Blumen von den Männern und den Kollektiven. Im Gegensatz zum Westen, wo mit dem Muttertag stärker die Mutterrolle betont wurde, schlug in der DDR an diesem Tag allen Frauen gleichermaßen Anerkennung entgegen, bei dem Pensum, das die Frauen oft zu leisten hatten, nicht zu Unrecht.

Unsere Mutti ist die Beste!

Zum Frauentag und zum Geburtstag.

4. bis 6. Lebensjahr

1980–1983

Schulspeisung, Hort und Fahnenappell

Großer Bruder, große Tüte, kleiner Bruder, kleine Tüte.

Mit mulmigen Gefühlen in die POS

Die Einschulung bedeutete eine starke Zäsur in unserer Kindheit. An einem Tag Anfang September standen wir mit unserer übergroßen Schultüte (sechseckig oder rund) skeptisch vor der Schule, die Eltern hatten sich schick gemacht und begleiteten uns auf dem Weg zur Schule, bevor sie uns allein zurückließen – was bei den meisten von uns ein mulmiges Gefühl auslöste. Man suchte sich einen Platz im Klassenraum, die vielen neuen Kinder waren aufregend, ebenso wie die Tafel, die neue Klassenlehrerin, die Sitzordnung. Doch wir gewöhnten uns schnell an die Situation und das Lernen war spannend. Die Schulgebäude waren meist in moderner Plattenbauweise errichtet und sahen überall gleich aus. Meistens hießen sie auch gleich, benannt nach

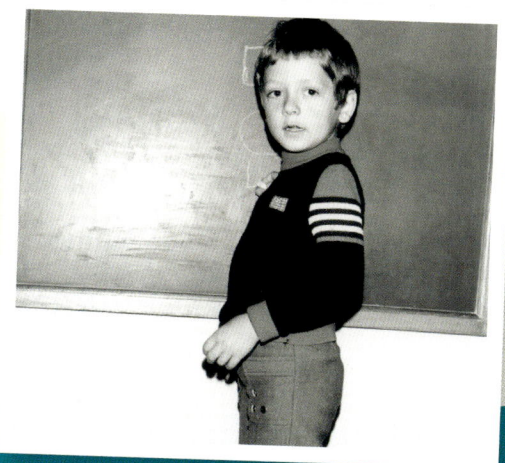

Jetzt wird's ernst! Die Schule hat angefangen.

Chronik

24. Februar 1980
Bei den XIII. Olympischen Winterspielen in Lake Placid belegt die DDR im Medaillenspiegel den 1. Platz.

14. August 1980
Die rund 17000 Beschäftigten der Danziger Lenin-Werft legen ihre Arbeit nieder und stellen politische Forderungen, die zur Gründung der Solidarnosc führen.

4. November 1980
In den USA wird der Republikaner Ronald Reagan 40. Präsident der Vereinigten Staaten.

10. November 1980
Erich Honecker trifft zu einem Staatsbesuch in Österreich ein, seiner ersten offiziellen Reise ins westliche Ausland.

8. Dezember 1980
Der englische Popmusiker John Lennon wird in New York auf offener Straße erschossen.

29. Juli 1981
Der britische Thronfolger Prinz Charles und Lady Diana Spencer heiraten in der Londoner St. Paul's Cathedral.

13. August 1981
Anlässlich des 20. Jahrestages des Mauerbaus kritisiert DDR-Staats- und Parteichef Erich Honecker Reagans Entscheidung für den Bau der Neutronenbombe.

1. Oktober 1982
Der Bundestag wählt durch ein konstruktives Misstrauensvotum Helmut Kohl zum 6. Bundeskanzler der Bundesrepublik Deutschland.

17. April 1983
SED-Politbüromitglied Günter Mittag besucht die Hannover-Messe und trifft sich zu Gesprächen mit Bundeswirtschaftsminister Otto Graf Lambsdorff.

21. April 1983
Die restaurierte Wartburg in Thüringen wird wiedereröffnet.

5. Oktober 1983
Erich Honecker bestätigt die Existenz von Selbstschussanlagen an der innerdeutschen Grenze.

einem der großen kommunistischen Vorbilder: Wladimir Iljitsch Lenin, Rosa Luxemburg oder Karl Marx. Es gab keine verschiedenen Schulformen wie im Westen, sondern nur die POS, die Polytechnische Oberschule, auf die, unabhängig von sozialer Schicht oder Begabung, alle von der 1. bis zur 10. Klasse gingen.

Peinlich: Weißes Hemd vergessen

Gleichzeitig mit der Einschulung wurden wir Jungpioniere, was vorerst nichts weiter hieß, als hin und wieder ein blaues Halstuch zu tragen, dessen doppelten Knoten zu lernen gar nicht so einfach war. Dazu bekamen wir das weiße Hemd mit dem JP-Emblem auf dem Ärmel. Wenn man das weiße Hemd zum Fahnenappell mal vergessen hatte, konnte man sich zur Not

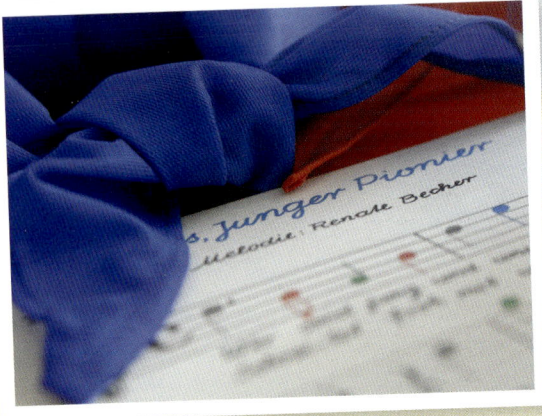

immer noch das blaue Halstuch um den Kragen des Pullovers binden – das sah zwar blöd aus, war aber besser als gar nichts. 1981 waren 1,6 Millionen Kinder Mitglieder der „Pionierorganisation Ernst Thälmann", die sich aus den Jungpionieren (Sechs- bis Zehnjährige) und den Thälmannpionieren (Zehn- bis Dreizehnjährige) zusammensetzte; das waren 98 Prozent aller Schulkinder. Die Frage, ob man Mitglied werden wollte oder nicht, stellte sich also gar nicht, man ging ebenso selbstverständlich zu den Jungpionieren wie in die Schule.

„Das geloben wir"

Die „10 Gebote" der Pioniere

Die Pioniere der 1. bis 3. Schulklasse zählten zu den Jungpionieren und trugen blaue Halstücher. Die *„Gebote der Jungpioniere", die auf der Rückseite des Pionierausweises standen, lauteten (in dieser Reihenfolge!):*

- *Wir Jungpioniere lieben unsere Deutsche Demokratische Republik.*
- *Wir Jungpioniere lieben unsere Eltern.*
- *Wir Jungpioniere halten Freundschaft mit den Kindern der Sowjetunion und aller Länder.*
- *Wir Jungpioniere lernen fleißig, sind ordentlich und diszipliniert.*

- *Wir Jungpioniere achten alle arbeitenden Menschen und helfen überall tüchtig mit.*
- *Wir Jungpioniere sind gute Freunde und helfen einander.*
- *Wir Jungpioniere singen und tanzen, spielen und basteln gern.*
- *Wir Jungpioniere treiben Sport und halten unseren Körper sauber und gesund.*
- *Wir Jungpioniere tragen mit Stolz unser blaues Halstuch.*
- *Wir bereiten uns darauf vor, gute Thälmannpioniere zu werden.*

Wer macht da Faxen?

Lernen, lernen

In den Klassenzimmern hing meist eine Wandtafel, die von den Schülern selbst gestaltet wurde (Wandzeitung), die Fenster waren bunt mit Wasserfarbe bemalt oder mit Bilderketten behängt. Meistens schaute uns Erich von einem Foto beim Lernen zu: blauer Hintergrund, sandfarbenes Sakko, rote Krawatte und, natürlich, Parteiabzeichen. Er sah aus wie aus einem Wachsfigurenkabinett. Schlaue Sprüche in der Aula gemahnten uns an unseren sozialistischen Auftrag: „Nicht für die Schule, sondern für das Leben lernen wir." Oder: „Lernen, lernen und nochmals lernen!"

Wer gute Beziehungen hatte, brachte schon früh einen Tintenkiller mit in die Schule und zog damit den Neid der Mitschüler auf sich. Denn wenn man sich verschrieb, was anfangs nicht selten vorkam, verschwand die Tinte auf wundersame Weise wieder vom Papier. Leider ließ der Effekt irgendwann nach und der Fehler ließ sich, trotz intensiven Rubbelns auf dem Papier, nur noch schlecht verbergen.

Schulspeisung

In der großen Mittagspause stürmten wir die Treppen hinunter in den Keller unserer Schule, um dort das Mittagessen einzunehmen. Milch (mit Erdbeergeschmack oder natur) durften wir trinken, wenn wir das Milchgeld bezahlt hatten. Groß war die Auswahl an Essen nicht, aber man gewöhnte sich dran. Durch eine Durchreiche konnte man direkt in die Schulküche gucken. Wir beobachteten, wie die kräftigen Damen im weißen Kittel aus Rieseneimern die Teller füllten und es uns hinüberschoben: Senfeier, Herz- und Nierenragout,

Graupensuppe, Spinat mit Rühreiern, Makkaroni mit Jagdwurst und Tomatensauce, Leber, Milchreis oder, am schlimmsten von allen: Lose Wurst, wegen des verwegenen Aussehens gern auch „Verkehrsunfall" genannt. Zum Nachtisch gab es grüne kubanische Apfelsinen, die mehr Kerne als Fruchtfleisch enthielten und deren Geschmack eher an Zitronen erinnerte. Immerhin war das Essen sehr billig, für den ganzen Monat zehn Mark. Die Grundversorgung war gesichert, Schulspeisung für jeden erschwinglich.

Hort und Samstagsunterricht

Da die Mütter in der Regel nicht vor vier nach Hause kamen, besuchten die meisten von uns den betreuten Hort, in dem die Hausaufgaben gemacht wurden. Als wir alt genug waren, durften wir nach der Schule allein nach Hause gehen. Da wir den Schlüssel um den Hals trugen, wurden wir auch gern „Schlüsselkinder" genannt. Es war zwar anfangs ein wenig seltsam, allein zu Hause zu sein, aber es machte uns stolz, da wir ein Stück erwachsener wurden. Brav gingen wir sogar jeden Samstag zur Schule, wenn meist auch nur drei oder vier Stunden, und wenn wir nach Hause kamen, war die Mutter mitten im Wohnungsputz, der Vater schrubbte draußen den Wartburg und es roch nach Mittagessen.

Kunstwerke eines Erstklässlers.

26

Kuchen beim Kindergeburtstag.

Blindekuh. Man beachte
hinten den Magnetkalender.

Kindergeburtstage

Wichtig waren unsere Geburtstage, an denen schon vor der Schule
Geschenke auf dem Küchentisch lagen und wir ganz besonders zuvorkommend behandelt wurden. Am Nachmittag luden wir unsere besten Freunde
und Freundinnen ein, wobei es von großer Bedeutung war, wen man einlud
und wen nicht. Unsere Spiele: Blindekuh, Topfschlagen, Flaschendrehen, stille
Post, „Mit dem Messer durch einen Mehlhaufen schneiden und Schokoladen-
stückchen finden", Lirum, larum Löffelstiel. Wir spielten draußen Verstecken
oder Fußball auf dem Wäscheplatz, während unsere Mütter das Abendbrot
vorbereiteten. Nach dem gemeinsamen Abendessen mussten alle wieder nach
Hause und die Aufregung hatte ein Ende.

Kichernd beim Fahnenappell

Zu feierlichen Anlässen, wie dem Tag der Republik oder der Zeugnisver-
gabe, fanden auf dem Schulhof Fahnenappelle statt. Das hieß eine Stunde
stillstehen, sich von hinten anstoßen, kichern, mit bösen Blicken vom Lehrer
ermahnt werden. Der Gruppenratsvorsitzende ging, streng an den Linien der
Gehwegplatten entlang, zum Direktor und meldete, dass die Klasse vollständig und ordnungsgemäß zum Fahnenappell angetreten sei. Gute Schüler
wurden ausgezeichnet, schlechte ermahnt. Nach dem erlösenden „Seid bereit
– Immer bereit!" der Pioniere und dem zwei Tonlagen tieferen „Freundschaft"

7. bis 10. Lebensjahr

DEUTSCHE DEMOKRATISCHE REPUBLIK

Zehnklassige allgemeinbildende polytechnische Oberschule

ZEUGNIS

Andre Hille

geb. am *23.5.74*   Klasse *1a*

1. Halbjahr 19 / —Schuljahr 19 *80* / *81*

Gesamteinschätzung

André hat das 1. Schuljahr mit guten Leistungen beendet. Er ist ein begabter, aufgeweckter Schüler. Im Unterricht arbeitet er sehr rege mit. Im Fach Deutsch zeigt er sehr gute Leistungen. Es erledigt seine Aufgaben ohne große Mühe. Die schriftlichen Arbeiten werden korrekt und sehr selbständig ausgeführt. Sein Verhalten den Mitschülern gegenüber, muss sich noch bessern.

Betragen	3	Ordnung	2
Fleiß	1	Mitarbeit	1

Versetzungsvermerk *versetzt in die 2. Klasse*

*) Zutreffendes unterstreichen

der FDJler freuten wir uns auf unsere Klassenzimmer und unsere Stühle.

Eine Art kleinen Fahnenappell gab es jeden Morgen, wenn der Gruppenratsvorsitzende zur Lehrerin gehen musste, rechte Hand an die Schläfe, und ebenfalls meldete, dass die Klasse vollständig zum Unterricht angetreten sei. Falls jemand fehlte, wurde das natürlich ebenfalls erwähnt. Der Gruppenrat wurde jedes Jahr von der Klasse gewählt und hielt so schöne Posten für uns bereit wie „Schriftführer", den immer das Mädchen mit der saubersten Schrift erhielt, oder „Agitator", der die Wandzeitung gestalten durfte und die Klasse politisch auf dem Laufenden halten sollte. Wohlgemerkt: sollte.

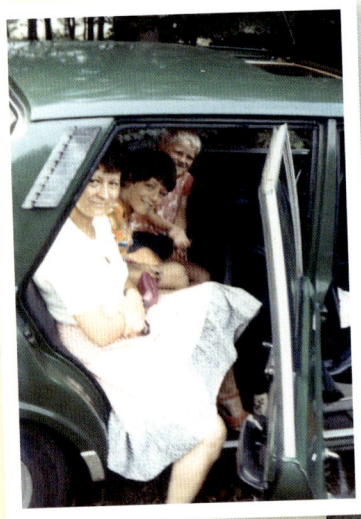

Schrill und neudeutsch

Es begannen die schrillen 80er mit ihrer grellen, unmöglichen Mode und der ebenso grellen, aber weniger unmöglichen Musik. Wir sangen mit Falco „Der Kommissar geht um", steigerten mit Geier Sturzflug das „Bruttosozialprodukt", wir flogen mit Peter Schilling und Major Tom ins Weltall, sangen mit Nena „99 Luftballons" und wollten auch im Osten wie Markus ein bisschen „Spaß"

28

– klar, die Musik aus dem Westen hörten wir auch und sangen mit. Wem die NDW zu laut und schnell war, der kam sicher mit Nicoles „Ein bisschen Frieden", Nino de Angelos „Jenseits von Eden", Andy Borgs „Adios Amor" oder Phil Collins' „In The Air Tonight" besser zurecht. Im Osten warnte Wolfgang Lippert davor, dass „Erna kommt", Gaby Rückert forderte „Teil mit mir" und Silly sang vom „Letzten Kunden" – was man so oder so verstehen konnte, denn ein „Kunde" war in der DDR weniger ein König, sondern ein Schimpfwort.

Gartenarbeit und Gruppenbericht

Ein Stück gelebte Gleichberechtigung begann schon in der Schule, wenn Mädchen wie Jungen am Werken oder am Nadelunterricht teilnahmen. Auch die Jungs nähten und strickten und lernten, was ein Kreuzstich ist (nicht der beim Skat) oder ein Fischgrätenmuster, indem wir tolle Brustbeutel herstellten. Im Werkunterricht, der im Werkraum im

Nadelarbeit, auch was für Jungs.

Keller der Schule stattfand, feilten und sägten wir, bauten Vogelhäuschen oder einen Bleistiftanspitzer (ein Stück Schleifpapier auf einem Brettchen). Wir mussten Metall biegen, ein Gewinde drehen und bohren.

Der Mittwochnachmittag gehörte der Pionierarbeit. Der Pionierleiter las seine Gruppenberichte vor, wir gestalteten eine Wandzeitung oder schmückten die Schule für einen Feiertag, indem wir die Fenster bemalten oder Wimpelketten bastelten. In ernteschwachen Jahren sammelten wir für die Schweine Eicheln auf dem Friedhof.

Eines der schönsten Fächer in der Schule war Gartenarbeit. Jede Klasse hatte ein Beet, für das sie verantwortlich war, und einmal in der Woche wurde danach geschaut. Dann wurde gegossen, Unkraut gejätet und schließlich geerntet. Jeder Schüler brachte stolz etwas von dem eigenen Gemüse mit nach Hause. Im Sportunterricht versuchten wir, beim Balancieren nicht vom Balken zu fallen, vom schweren Medizinball, den wir uns in die Arme warfen, fielen wir fast um, und nach dem Weitsprung klopften wir uns den feuchten, kalten Sand von den Beinen.

Mangelwirtschaft ist Auslöser für Polenkrise

Ein wichtiger Schritt zur Perestroika (Umbruch), die zum Fall der Mauer und dem Zusammenbruch des Ostblocks führte, waren die Streiks der Danziger Werftarbeiter 1980 und die Gründung der ersten freien Gewerkschaft Solidarnosc unter Lech Walesa. Der Auslöser der großen Streikwelle waren Preiserhöhungen für Fleisch am 1. Juli 1980. Am 17. August 1980 wurde das „Überbetriebliche Streik-komitee" gegründet, das 21 Forderungen erarbeitete, darunter die zentrale Forde-rung nach der Zulassung von unabhängi-gen Gewerkschaften. Nach zähen Verhandlungen wurde den Forderungen im Danziger Abkommen vom 31. August 1980 stattgegeben. Das Recht auf

Meinungsfreiheit wurde ausgeweitet sowie Lohnerhöhungen, Preiskontrollen und soziale Verbesserungen getroffen. Doch am 13. Dezember 1981 ruderte man zurück und in Polen wurde das Kriegs-recht verhängt. Ein „Militärrat der nationa-len Rettung" übernahm die Regierung, beendete den Demokratisierungsprozess und verbot jede Aktivität der Solidarnosc. Die führenden Köpfe der Gewerkschaft wurden interniert und die Arbeit der Gewerkschaft selbst verboten. Somit konnte sie nur noch im Untergrund weiterexistieren. Im Ausland (Bremen und Brüssel) bildeten sich Exilgruppen, bis es 1989 zu einem überwältigenden Wahlsieg bei den ersten freien Wahlen kam.

Daunenjacke und Eiszapfen

Die Winter der eigenen Kindheit waren immer die besten. Solche Winter gibt es nicht mehr, aber das sagten schon unsere Eltern und vermutlich auch unsere Großeltern. Sofort nach der Schule packte uns unsere Mutter in dicke Thermo-sachen, dann rodelten wir, bauten Schneemänner oder Iglus und kamen kurz

bevor es dunkel wurde mit roten Backen nach Hause. Wir bauten uns eine Schlitterbahn, indem wir an einer abgelegenen Stelle einen Eimer Wasser ausschütte-ten. Wenn ein zugefrorener See oder Fluss in der Nähe war, liefen wir auf Kufenschuhen. Wir brachen die Eiszapfen ab, die an irgendwelchen Dachkanten hingen, und lutschten daran, und manchmal brachen wir in eine Pfütze ein und waren klatschnass.

Damals lag im Winter noch Schnee.

Die Logik der Planwirtschaft

Mit einem kleinen Bollerwagen zogen wir durch die Straßen und sammelten Altstoffe, Altpapier, Glas oder Metall und brachten es zur Sero-Annahmestelle. Recycling war keine Erfindung der Grünen aus dem Westen, das gab's in der DDR alles schon, wenn auch aus Gründen der Rohstoffknappheit. Trotzdem war es ein optimales System: Die Kinder hatten was zu tun, bekamen gutes Taschengeld und umweltfreundlich war das Ganze obendrein.

Eine andere Form von Arbeitseinsatz („Subbotnik") war der im heimischen Schrebergarten. Wir pflückten rote oder schwarze Johannisbeeren und bekamen für den Eimer zehn Mark – damals eine Menge Taschengeld. Unsere Äpfel brachten wir zur Mosterei und bekamen prima Saft dafür. Doch irgendetwas stimmte mit der wirtschaftlichen Subventions-Logik in der DDR nicht, wenn man für ein Kilo Erdbeeren an der Annahmestelle vier Mark bekam und sie im Laden nur zwei Mark kosteten. Bequemer konnte man kein Geld verdienen: Man fuhr in den Konsum, kaufte Erdbeeren für zwei Mark das Kilo und gab sie an der Annahmestelle für vier Mark ab. Haken an der Sache: Meistens waren die Erdbeeren alle, bevor man im großen Stil einkaufen konnte.

Sero-Sammeln brachte Geld.

Recyceln mit Sero

Das Recyclingsystem in der DDR war ausgefeilt und beliebt. Mit Comics in den Zeitschriften FRÖSI oder Atze wurde das Altpapiersammeln beworben. Die Abkürzung SERO stand für „VEB Kombinat Sekundär-Rohstofferfassung", doch im allgemeinen Sprachgebrauch waren mit SERO meist die Aufkaufstellen gemeint, die in der DDR ein dichtes Netz bildeten. Die Aufkaufstellen wurden oft von privaten Kleinunternehmern betrieben, waren etwa einem Schrottplatz oder einer Werkstatt angeschlossen. Aufgekauft wurden unter anderem Flaschen und Gläser (5 Pf pro Stück), Altpapier (30 Pf pro kg) und Schrott (12 Pf pro kg).

Gesammelt wurde nicht nur, um Taschengeld zu verdienen, sondern auch, um für die sozialistischen Bruderländer zu spenden, Motto: „Solidarität mit den Völkern der Welt". An der Wandtafel in der Schule hingen oftmals Diagramme mit den Sammlungsergebnissen. Der Umweltschutz spielte hingegen bei der Altstoffrückgewinnung so gut wie keine Rolle.

Mühen des Leistungssports

Zu den Sportfesten hatte die ganze Schule frei und alle Klassen versammelten sich im Stadion. Beim Crosslauf ging es querfeldein durchs Gelände und der Orientierungslauf war eine Art Schnitzeljagd und Pfadfinderersatz. Und natürlich wurde großer Wert auf den Leistungssport gelegt. Regelmäßig besuchten Sportfunktionäre unsere Klassen und wählten die Besten für eine Sportart aus: Du zu den Ruderern, du zu den Läufern, du zu den Leichtathleten. Immerhin wurde man gefragt, ob man wirklich will, es gab bei Eignung sanften Druck vom Lehrer, doch wenn man partout nicht wollte, ließen sie einen in Ruhe. Die meisten waren eh froh, körperlich nur Mittelmaß zu sein, um nicht in die Mühlen des DDR-Leistungssports zu geraten.

In Kati Witt war fast jeder Junge ein bisschen verliebt.

Rumburak und Kati Witt

Im Fernsehen liefen Märchen der DEFA oder aus der Tschechoslowakei, die wir besonders liebten. Pan Tau strich mit seinem Finger um seine Melone und wurde zu einer winzigen Puppe, Rumburak – der Zauberer aus „Die Märchenbraut" – drehte an seinem Zauberring und verwandelte sich in einen Raben. In die schöne Arabella waren wir ein bisschen verliebt, ebenso wie in Katarina Witt, die schönste Frau des Sozialismus, die 1983 Europameisterin im Eiskunstlauf wurde. Manchmal hörten wir im Radio den einen oder anderen fetzigen Hit von Michael Jacksons neuer Platte „Thriller", während es mit ABBA, die wir erst später entdeckten, endgültig zu Ende war. Von der Gründung der beiden erfolgreichsten deutschen Punkbands, den Ärzten und den Toten Hosen, bekamen wir zu dieser Zeit noch nicht allzu viel mit.

Und immer wieder Ostsee.

Zwei Wochen Buddeln im Sand.

Ostsee oder Seenplatte

Urlaub, das hieß für uns, den Trabi oder den Wartburg vollpacken und ab an die Ostsee oder die Mecklenburger Seenplatte. Wer Glück hatte, ergatterte einen Platz in einem FDGB-Ferienheim oder hatte Kontakte. Meist wurde die Unterkunft, so sie denn privat war, gleich wieder fürs nächste Jahr gebucht. Und dann hieß es: zwei Wochen Sonne, Strand, Fisch essen. Die Kamera mit

7. bis 10. Lebensjahr

dem Orwo-Farbfilm war immer dabei, lieferte in der Regel jedoch ziemlich rotstichige Bilder. Ein paar Tage später waren auch wir dann am ganzen Körper rot – von Sonnencreme und Ozonloch wussten wir damals noch nichts. Dann saßen wir abends auf dem Bett und „pellten" uns gegenseitig den Rücken, wir spielten am Küchentisch Mensch ärgere dich nicht, Halma oder Rommé und unser Vater brachte uns Skat und Schach bei. Nur geringfügig anders sahen die Ferien in der Mecklenburger Seenplatte aus. Die Wellen waren niedriger, das Wasser nicht salzig und als Abendbeschäftigung kam noch das Grillen hinzu. Die Tage verbrachten wir an Seen in duftenden Kiefernwäldern. So grau unser Alltag manchmal war, so bunt und schön und endlos lang waren unsere Ferien.

Große Ferien

Nicht selten waren wir auch in den Ferien, die im Sommer sage und schreibe acht Wochen dauerten, bei unseren Großeltern auf dem Land. Hier schien die Zeit stehen geblieben zu sein, wir fuhren mit dem Pferdefuhrwerk zur BHG (Bäuerliche Handelsgenossenschaft) und brachten Gurken, Kartoffeln oder Eier zur Annahmestelle und es war das absolut Größte, wenn man den Wagen

Mit dem neuen Wartburg ging's auf Reisen.

einmal selbst lenken durfte. Unsere Großväter waren nicht selten überzeugte Genossen der ersten Stunde, die meisten sprachen gut Polnisch oder Russisch und berichteten hin und wieder von der Kriegsgefangenschaft. Mähdrescher, mit Rädern anderthalbmal so groß wie wir, fuhren im Sommer über die riesigen Felder der LPG und wirbelten kilometerweit Staub auf. Hühner oder Schweine wurden geschlachtet, große Laubfeuer angezündet, Ställe ausgemistet.

Doch auch in der Schule konnte man in den Ferien beschäftigt werden, denn die Eltern hatten keine acht Wochen Urlaub. In den Ferienspielen bekamen wir in der Schule ein Programm geboten. Meistens wurden die Ferien dann wochenweise aufgeteilt: Eine Woche Großeltern, eine Woche Ferienspiel, zwei Wochen Ferienlager, eine Woche allein zu Hause und zwei Wochen Familienurlaub an der Ostsee.

Danach zu Besuch bei Oma und Opa.

1984-1987

Westbesuch, Poesiealbum und 80er-Musik

Mittagspause vor dem Konsum

Mitte der 80er-Jahre sah es in den Geschäften immer düsterer aus. Die Schaufenster wurden mit dem dekoriert, was gerade reingekommen war – oft ein einziges Produkt wie „Im Nu" oder „Trink Fix". Bestimmte Produkte wurden nur an jeweils einem Tag in der Woche angeliefert und waren dann, weil sich lange Schlangen bildeten, gleich wieder ausverkauft. In den Regalen sah es trostlos aus. Sobald es mal etwas Besonderes wie Bananen gab, sprach sich das in Windeseile herum und unsere Mütter verbrachten die eine oder andere Mittagspause statt in der Kantine in der Schlange vor dem Konsum. Das Problem: Bis auf die Menschen im Dresdner „Tal der Ahnungslosen" sah die gesamte DDR dem Westen im Fernsehen beim freudigen Konsumieren zu. Es machte sich Unmut breit. Immer schlechter ließen sich im gesamten Ostblock die

Chronik

18. Februar 1984
Erfolgreichste Mannschaft der Olympischen Winterspiele in Sarajevo wird die der DDR mit neun Gold-, neun Silber- und sechs Bronzemedaillen.

8. Mai 1984
Eine DDR-Tournee des Rockmusikers Udo Lindenberg wird von der FDJ abgesagt, weil Lindenberg sich weigert, sein Programm „anzupassen".

11. August 1984
Weltweites Aufsehen erregt ein von US-Präsident Ronald Reagan gemachter Scherz während einer Mikrofonprobe: „Die Bombardierung Russlands beginnt in fünf Minuten".

30. November 1984
Die DDR baut die letzten Selbstschussanlagen an der innerdeutschen Grenze ab.

11. März 1985
Michail Gorbatschow wird Parteichef der KPdSU.

7. Juli 1985
Boris Becker gewinnt als bislang jüngster Tennisspieler und als erster Deutscher das Tennisturnier in Wimbledon/England.

25. Februar 1986
Auf dem XXVII. Parteitag der KPdSU kündigt Parteichef Gorbatschow „radikale Reformen" in der Wirtschaft an.

7. März 1986
Das Jugendradio DT 64 wird ein eigenständiger Sender.

2. März 1987
Der westdeutsche Schlagersänger Udo Jürgens gastiert für drei Tage im Friedrichstadtpalast in Ostberlin.

12. Juni 1987
US-Präsident Ronald Reagan fordert bei einem Westberlin-Besuch, „Mister Gorbatschow" solle die Mauer einreißen und das Brandenburger Tor öffnen.

7. September 1987
Erich Honecker besucht die BRD.

Probleme der Planwirtschaft vor der Bevölkerung verbergen. Zugleich gab es deutliche Zeichen der Entspannung zwischen den Systemen. Die Friedensbewegung auf der westlichen und der Geldmangel auf der östlichen Seite führten zu ernst zu nehmenden Abrüstungsgesprächen zwischen den Großmächten USA und der Sowjetunion.

Schrankwand und Sternrecorder – ohne Beziehungen oder Tauschhandel nur schwer zu ergattern.

Eine Hand wäscht die andere

Not macht erfinderisch. In der DDR wurde man zum Meister im Improvisieren. Im real existierenden Sozialismus bildete sich mit der Zeit eine Art Schattenwirtschaft heraus. Eine Hand wusch die andere, man war kreativ, man wusste sich zu helfen. Material wurde gegen Material getauscht. Wer

Beziehungen im Betrieb hatte, in dem er arbeitete, schaffte sich das von ihm produzierte Produkt beiseite (war ja schließlich Volkseigentum) und tauschte es gegen andere. Möbel gegen Autoteile, Fleisch- und Wurstwaren gegen Materialien fürs Haus. Zement war besonders begehrt, aber auch Teile fürs Kfz oder Kleidung. Die Kleinanzeigen in den Zeitungen waren voll von solchen Tauschangeboten, wobei man darauf achten musste, wenn „blaue Kacheln" gefragt waren – das war das Synonym für Westmark. Gern ging rare Ware aber auch über dunkle Kanäle an „verdiente Mitarbeiter". Man sprach von Bückware, denn für den, der gute Beziehungen hatte, bückte sich die Verkäuferin gern mal unter den Ladentisch, um dort die zurückgelegte Ware hervorzuholen.

Erste Ausreisewelle

Die Politik der Entspannung zwischen den beiden deutschen Staaten und den Systemen war unübersehbar, doch einigen ging es immer noch viel zu langsam. Das führte Ende der 80er-Jahre zu einer ersten großen Ausreisewelle, die die DDR-Oberen zusätzlich unter Druck zu setzen begann. 1984 siedelten 40 900 Personen in die Bundesrepublik über. Zahlreiche Ausreisewillige flüchteten in Prag und Ostberlin in die Botschaften der Bundesrepublik, um eine schnellere Bearbeitung ihrer Ausreiseanträge zu erzwingen. Besonders peinlich: Am 20. März 1984 traf die Nichte des Ministerpräsidenten Willi Stoph in Gießen ein, nachdem sie zuvor in der Prager Botschaft der BRD Zuflucht gesucht hatte.

Trinkfix – Made in G.D.R.

Made in G.D.R.

Als paradox stellte es sich für viele DDR-Bürger dar, dass durchaus hochwertige Waren in der DDR produziert wurden, die allerdings nie jemand zu sehen bekam. Sie gingen gegen Devisen ins Ausland. Die Werktätigen in den Betrieben frustrierte es, dass die von ihnen hergestellten Möbel, Werkzeugmaschinen

oder optischen Geräte für den Westen bestimmt waren („Made in G.D.R."),
während der Mangel täglich am eigenen Leib zu spüren war. Ebenso regist-
rierten die Arbeiter zunehmend, dass Produktionsanlagen und Maschinen
veralteten und verschlissen – doch es fehlte das Geld für Investitionen. Häufig
konnte nur mit geschickter Improvisation dem drohenden Totalausfall begegnet werden. Aus der Kluft zwischen der ständig propagierten Überlegenheit
des Sozialismus und den konkreten Erfahrungen im Betriebsalltag erwuchsen
Frustration und Zynismus, was wiederum der Arbeitsmotivation abträglich war.

Für viele unerreichbar, ein Intershop.

Exquisit – Delikat – Intershop

Andere Welten waren für uns
die Exquisit- und Delikat-
Läden, in denen zum Teil
unbezahlbare Ware lag.
Wenn ein Pullover im HO um die 50 Mark kostete, war er im Exquisit vier- bis
fünfmal so teuer. Ob man bei einem Einkommen von 700 Ostmark für einen
Anorak 350 Mark bezahlen wollte, musste man sich schon sehr genau überle-
gen. Auf der anderen Seite waren die Sachen von hoher Qualität und daher
haltbarer. Ganz abgesehen davon, dass einem die neidischen Blicke der
Nachbarn und Arbeitskollegen sicher waren. Ebenso verhielt es sich mit den
Delikat-Läden, auch „Deli" genannt, die das Exquisit-Pendant für Nahrungsmit-
tel waren und Produkte für den „gehobenen Bedarf" anboten. Hier konnte man
sich schon mal eine Dose Pfirsiche für acht Mark oder ein Pfund Kaffee für
20 Mark leisten – natürlich nur zu besonderen Anlässen. Wer ein paar Westmark hatte, konnte sie im Intershop „anlegen": Milka-Schokolade, Konserven
oder Kaffee kosteten hier etwa so viel wie im Westen. Manchmal gingen wir nur
in den Intershop, um den Duft des Ladens zu schnuppern, eine Mischung aus
Süßigkeiten, Kaffee und Parfum. Doch die Verkäuferinnen waren meistens nicht
die freundlichsten, hielten sie sich doch für etwas Besseres.

Die Frauen spielen Rommé …

… und die Männer grillen.

„Frohe Zukunft" auf „Eigener Scholle"

Nach Feierabend oder am Wochenende werkelten unsere Eltern und wir mit ihnen im Schrebergarten, sei es in den Kolonien der Großstädte wie Berlin oder Leipzig oder auf dem Land. In Schrebergartenkolonien mit putzigen Namen wie „Eigene Scholle" oder „Frohe Zukunft" lebte der Bürger sein kleines, privates Glück und manch einer steckte ein kleines Vermögen in den Ausbau seiner Datscha. Doch einen Garten zu besitzen hatte in einer Mangelwirtschaft auch ganz pragmatische Vorteile. Obst und Gemüse aus dem Eigenanbau konnte man selbst verwerten, einkochen oder zu einer der Annahmestellen bringen. Wir Kinder spielten auf den Sandwegen mit Murmeln, wir zogen Regenwürmer aus der Erde und kletterten auf die Bäume. Doch irgendwann wurde das ständige Unkrautjäten, Rasenmähen und -sprengen den Eltern zu viel. War man im Sommer zwei Wochen im Urlaub, sah der Garten anschlie-ßend aus wie ein Dschungel und man hatte gleich wieder doppelte Arbeit.

Werbung macht das Fernsehen bunt

Ein Muss in unserer Jugend waren die Vorabendserien. „Hart aber herzlich", das „A-Team", „Trio mit vier Fäusten" und allen voran „Ein Colt für alle Fälle" (lief immer montags) mit der wunderschönen Jody und dem coolen Pick Up. Wenn die typische Filmmusik um 17.45 Uhr losging, saßen wir gespannt vor dem Fernseher. Die Westwerbung war in der DDR einer der Höhepunkte der Sendung. Wenn ab acht im öffentlich-rechtlichen Fernsehen nicht mehr gewor-ben werden durfte, sah die Fernsehwelt gleich trauriger und langweiliger aus.

Wenn die Mainzelmännchen ihre Späße machten und zwischendrin für „Mein Bac, dein Bac", „Jung, Schwung, Stimmung, Yogurette" oder „Der weiße Riese" geworben wurde, wehte etwas herüber von jener glitzernden Welt, mit deren Unerreichbarkeit wir uns längst abgefunden hatten.

Besondere Fernsehleckerbissen waren „Miami Vice" und „Magnum", wobei „Magnum" so spät am Dienstagabend lief, dass wir betteln mussten, um die Serie doch hin und wieder sehen zu dürfen. Solche Aktionen bezahlten wir am nächsten Tag allerdings mit großer Müdigkeit. „Dallas" und „Denver" waren der Inbegriff des bösen Kapitalismus und von daher offiziell verpönt. So richtig kamen wir bei den Familienstreitigkeiten der Ölbarone auch nie mit. Um 20.15 Uhr liefen dann oft Filme, die „nichts für uns" waren und wir mussten ins Bett, wobei wir mit jedem Jahr, das wir älter wurden, hart um jede halbe Stunde rangen, die wir länger aufbleiben durften. Sonntags, während die Eltern in der Küche Schnitzel klopften und der Rotkohl im Topf blubberte, waren dann nicht selten tschechische Märchen angesagt oder die „Sendung mit der Maus", in der immer so schön die Dinge erklärt wurden. Manchmal sahen wir uns sogar den langweiligen „Fernsehgarten" mit Ilona Christen an. Besonders liebten wir die Musiksendung „Formel 1", in der Ingolf Lück oder Stefanie Tücking Videos abspielten, nachdem der Hund Teasy mit der Sonnenbrille im rosafarbenen Auto durchs Bild gerast war.

Westfernsehen und Monopoly gab's auch im Osten.

Arbeitseinsatz

Im Sommer und Herbst hieß es oft: Arbeitseinsatz, wobei wir nicht genau wussten, ob wir uns darüber freuen sollten, weil wir schulfrei hatten, oder ärgern, weil harte, körperliche Arbeit angesagt war. Dann fuhren wir mit dem Bus aufs Dorf Rüben hacken oder Tomaten ernten. Körbeweise schleppten wir die roten Früchte zum Lkw, nach ein paar Stunden tat uns der Rücken weh und die Hände waren wund. Doch das wurde dadurch ausgeglichen, dass wir uns hinter dem Rücken der Lehrer gegenseitig mit Tomaten bewarfen, was hin und wieder regelrechte kleine Tomatenschlachten auslöste.

DSF, GST, ESP und PA

An einem herrschte in der DDR kein Mangel: an Abkürzungen. Wir gingen erst zur POS (Polytechnische Oberschule), dann zur EOS (Erweiterte Oberschule), wir waren in der DSF (Deutsch-Sowjetische Freundschaft), GST (Gesellschaft für Sport und Technik) und bei den JP (Jungpionieren) oder der FDJ (Freie Deutsche Jugend) sowieso. Mitgliedschaft war keine Frage der Lust, man machte es halt. Überall zahlten wir brav unsere paar Pfennige Mitgliedsbeitrag (und konnten froh sein, wenn wir nicht dafür verantwortlich waren, sie einzutreiben), auch wenn kein Mensch wusste, was damit passierte. War die DSF nur eine dubiose Freundschaftsorganisation zwischen „großem und kleinem Bruder", hatte man von der GST immerhin etwas. In konspirativen Sitzungen saßen wir mit einem Funker vor einem CB-Gerät und lauschten hinaus in die Welt. Die Fortgeschrittenen durften sogar selbst mal einen Spruch auf Englisch absetzen. Natürlich lernten wir das Morsealphabet – das deutsche (Anton, Berta, Cäsar, Dora), aber lieber das internationale (Alfa, Bravo, Charlie, Delta). Im Fotokurs pirschten wir nach der Schule durch die Stadt auf der Suche nach den besten Motiven und verkrochen uns anschließend in der Dunkelkammer, um die Bilder vom Negativ zu entwickeln. Weitere Schritte auf dem Weg zur allseits gebildeten, sozialistischen Persönlichkeit waren ESP (Einführung in die sozialistische Produktion) und PA (Praktische Arbeit). Linksdrehende und rechtsdrehende Gewinde, lösbare und unlösbare Verbindungen – der Theorie über Werkstoffkunde folgte im wöchentlichen Wechsel die praktische Erfahrung. Wir standen an der Drehbank und am Schraubstock und bastelten unseren eigenen kleinen Kerzenständer. Die Arbeiterklasse sollte ja schließlich regieren und so musste für ausreichend Nachwuchs gesorgt werden.

Urkunden, Abzeichen und Medaillen

Für alles und jedes gab es in der DDR eine Urkunde – nach dem Motto: Anerkennung mit dem Gießkannenprinzip verteilen. Doch diese billigen Papierfetzen mit den goldenen Buchstaben oder den Illustrationen hatten einen

Ebenso beliebt:
Medaillen und Wimpel.

Urkunden waren beliebt
und wurden gern verteilt.

immensen ideellen Wert für uns und hingen nicht selten in einer Reihe an der Wand unseres Kinderzimmers. In der DDR verstand man es, mit den geringsten Mitteln Anerkennung herzustellen, sodass die Eltern, die Lehrer oder wer auch immer stolz auf einen sein konnten. Für alles und jedes gab es eine Urkunde, eine Medaille, eine Anstecknadel: für gutes Lernen in der sozialistischen Schule, für sportliche Leistungen, für die Teilnahme an der Matheolympiade oder am Kinderferienlager.

Am liebsten mag ich:

Essen: Ente, Pommes Frites
♥ Getränke: Apfelsaft
♥ Buch: A. Wolkow Märchen
♥ Maler: Prof. Womacka
♥ Gruppe: Modern Talking
♥ Platte: ___
♥ Sport: Tischtennis, Hochspr.
♥ Tier: Pferd, Puma
♥ Pflanze: Orchidee

Mein Berufswunsch:
Archäologe

Am liebsten mag ich …

Lieblingsessen: Broiler

Was für unsere Eltern noch das quadratische Poesiealbum mit Blumenbildchen und schönen Reimen war, das waren für uns das „Meine-Klasse"-Buch oder auch die „Steckbriefe", in denen sich jeder mit Foto und Antworten auf diverse Fragen verewigen durfte: Lieblingsessen (Broiler), Lieblingsfilm („Dirty Dancing") oder Lieblingsband (Modern Talking). Bei der Kategorie „Freund" oder „Freundin" standen oft geheimnisvolle Abkürzungen, denn nichts war geheimer und aufregender, als wer gerade in wen verliebt war.

Ein Auto ganz aus Metall!

Das hatte die Straße noch nicht gesehen: Ein 5er BMW mit West-kennzeichen. Und der Fahrer wollte zu uns! Die Nachbarjungs scharten sich um den Wagen und drückten sich die Nasen an der Scheibe platt, einer maß mit seinen Händen die Breite des Reifens, ging zu einem Trabi hinüber und verglich. Die Reifen des BMW waren fast doppelt so breit! Ein Auto, ganz aus Metall! Ein Tacho, der bis 240 ging! Der Westbesuch war meist großzügig und brachte Dinge mit, die aus einer Traumwelt zu stammen schienen. Die dufteten anders, fühlten sich anders an, sahen anders aus. Karambole, Sternfrucht, Kiwi, Litschis, Südfrüchte, deren Namen allein schon nach Ferne und Exotik klangen. Dort, wo es diese Früchte zu kaufen gab, musste einfach das Paradies sein, da konnten sie uns in der Schule noch so vom bösen Feind im Westen erzählen. Länger haltbar als das Obst waren die Mandarinen in der Dose. Sie wurden zu ganz besonderen Anlässen gegessen. Jede einzelne wurde abgezählt in ein Schälchen. Damals waren wir noch weit entfernt von der Wegwerfgesellschaft. Dann kam der große Moment: Wir durften im BMW mitfahren.

Alles war so leise. Die weichen Sitze, die gute Federung des Wagens. Und das Radio! Ein Klang, den wir von unseren Autoradios nicht gewöhnt waren. Wir düsten mit 200 nach Berlin und fühlten uns wie Könige.

44

Chromkassetten und Plastedrehständer

Wir mussten lange sparen, um uns unseren SKR 700 (mit zwei Antennen) oder SKR 701 leisten zu können. Weit über tausend Mark kostete das gute Stück damals. Dafür waren Empfang und Aufnahmequalität „urst" gut, fast vergleichbar mit denen westlicher Geräte. Das Einzige, was fehlte, war ein Doppelkassettendeck, mit dem wir unsere von DT 64 aufgenommenen Lieder hätten überspielen können. Die Frage, ob 60 Minuten oder 90, ob Cr oder Fe, füllte ganze Nachmittage. Und ein Zehnerpack Audiokassetten aus dem Westen war uns mindestens ebenso viel wert wie drei Matchbox-Autos. Notfalls nahmen wir allerdings auch die blauen Orwo-K60-Kassetten.

Doch nach ein paar Überspielvorgängen fing die Kassette an zu leiern, das Rauschen wurde immer stärker, schlimmstenfalls gab es Bandsalat, den wir manchmal mit geübten Fingern wieder auseinanderfummelten. Abends hockten wir oft angespannt vor dem Radio und warteten, mit dem Zeigefinger auf der Record-Taste, auf unsere Lieder, wobei es die besondere Kunst war, exakt den Moment abzupassen, in dem der Moderator aufhörte zu reden und das Lied begann. Am Ende des Liedes waren wir meist jedoch zu spät, beziehungsweise quatschte der Moderator mitten ins Lied hinein – doch das eine Wort oder die Silbe gehörte nach dem dritten Mal Hören zum Lied dazu. Wichtig war es auch, zwei bis drei Sekunden Pause zwischen den Songs zu lassen und die Hüllen richtig zu beschriften. Ein gutes Tape zustandezubringen war eine Wissenschaft für sich. Unsere Kassetten standen in roten Plaste-Drehständern, die man übereinanderstapeln konnte und die voller Aufkleber von Sandra, A-ha, oder C.C. Catch waren.

Luftgitarre und geballte Faust

Musik wurde für uns immer wichtiger. Wir hörten die Charts rauf und runter. Wenn Duran Duran „Wild Boys" sangen, spielten wir dazu Luftgitarre, aber auch Modern Talking war zu dieser Zeit absolut in und „Cheri Cheri Lady" oder

Unsere Stars – auch im Osten.

„You're My Heart, You're My Soul" waren die Ohrwürmer schlechthin. Mit A-ha sangen wir „Take on Me" und mit dem One-Hit-Wonder Opus stundenlang „Life is Life" und „Nanananana". Sandra liebten wir weniger wegen ihres Songs „Maria Magdalena" als wegen ihrer tollen Frisur und der Aufkleber und Tina Turners „We Don't Need Another Hero" mochten wir zwar, doch die Sängerin selbst war uns etwas zu robust. Wir ballten die Faust, wenn Falco nach „Jeanny" rief oder fanden Frankie Goes to Hollywoods Song „Rage Heart" einen coolen Geheimtipp. Das Universum unserer 80er-Stars war unendlich groß, von Jennifer Rush („The Power of Love") über die Bangles („Walk Like an Egyptian"), Chris Norman („Midnight Lady"), Madonna, Rick Astley, die Pet Shop Boys, Cyndi Lauper, Wham bis zu den großartigen Talk Talk. Doch die Größten für uns in der DDR waren Depeche Mode. Jeder Zweite hatte sein Zimmer mit Postern von ihnen tapeziert.

Stil? – Welcher Stiel?

Wenn die DDR unter vielen Mängeln litt, so war doch ein Mangel besonders eklatant: der an Stil. Schick war in der DDR alles das, was nicht von der Stange kam. Und das hieß: alte, abgetragene Klamotten aus dem Westen, Selbstgestricktes, -gefärbtes, -genähtes, aus dem Westfernsehen Nachgemachtes. Schnauzer und Vokuhila, billige Turnschuhe und Stonewashed Jeans. Waren die 80er klamottentechnisch schon in der BRD eine Geschmacksverirrung, so wirkten sie in der DDR

Das muss mal schick gewesen sein.

wie eine Karikatur dessen. Tropfenförmige Sonnenbrillen, Spiegelbrillen, fiese Puffärmel, Sandalen aus Kunstleder und Dauerwelle – zum Schütteln. Das Grau der Häuser und die schlechte Luft taten ihr Übriges, um aus der DDR eine ästhetische Wüste zu machen. Doch das hatte auch seine gute Seite, war die Stimmung in der DDR doch irgendwie ehrlicher, bodenständiger. Da es eh nichts zu kaufen gab, taugten Produkte nur eingeschränkt als Statussymbol. Unsere Schuluniform war die sozialistische Einheitsmode.

Das Ende des Ostblocks: Perestroika und Glasnost

Auch wenn wir noch nicht allzu viel davon mitbekamen, nicht zuletzt, weil die DDR-Zensur nun selbst auf so manche Rede von Gorbatschow übergriff, der wirtschaftliche Niedergang zwang die Sowjetunion zu Reformen. Nachdem der ehemalige Landwirtschaftsminister Michail Sergejewitsch Gorbatschow 1985 zum Generalsekretär der Partei gewählt worden war, fand er sein Land in einem katastrophalen Zustand vor. 20 % der Produktion verschwanden in der Schattenwirtschaft. Obwohl dem Land riesige Flächen zur Verfügung standen, war die Landwirtschaft nicht annähernd in der Lage, die Bevölkerung zu ernähren. Um durch Sollerfüllung zu glänzen, wurden die Berichte gefälscht, sodass es kaum zuverlässige Zahlen über den wahren Zustand des Landes gab. Die Aufrüstung und der aussichtslose Krieg in Afghanistan verschlangen knapp ein Viertel des Haushalts. Kurz: Die Sowjetunion war bankrott. Gorbatschow leitete einen Prozess zur Umgestaltung des politischen und wirtschaftlichen Systems ein (Perestroika) sowie die Öffnung des Meinungs- und Pressemonopols (Glasnost, dt.: Offenheit). Gorbatschow erklärte, wenn sich ein Staat dazu entscheiden sollte, sich vom Sozialismus abzuwenden, würde die Sowjetunion nicht eingreifen. Vielleicht war es nur Einsicht in die Notwendigkeit, die Gorbatschow antrieb – trotzdem hätte einer von den alten Betonköpfen vielleicht einen anderen Kurs gefahren, was Gorbatschow 1990 zu Recht den Friedensnobelpreis einbrachte.

Große Politik und kleine Zettel

Schon früh bekamen wir mit, dass man in der Schule nicht alles sagen durfte, was man zu Hause besprach. Nur unter engsten Freunden wurde offen und ehrlich gesprochen. Wir wussten, dass die Note in „Stabü", Staatsbürgerkunde, irgendwie wichtig ist, wenn man später weiterkommen wollte, beziehungsweise dass alle guten Noten nichts nutzten, wenn diese eine schlecht war. Also strengte man sich in diesem Fach an, obwohl es besonders langweilig war.

Wir lernten zum Beispiel, warum es falsch war, dass im Westen der Arbeitnehmer als Arbeitnehmer bezeichnet wurde, denn eigentlich sei es der Kapitalist, der die Arbeit vom Arbeitnehmer nehme, während der Arbeiter seine Arbeit dem Kapitalisten gebe. Wir lernten, dass es im Westen viele Arbeitslose und Arme gebe und dass der Imperialismus zwangsläufig auf Krieg hinauslaufe, weil die vielen produzierten Waffen schließlich irgendwann wieder wegmüssten, um neue zu produzieren.

Die Politik interessierte uns noch nicht.

   Doch ehrlich gesagt, ging uns die Politik zu dieser Zeit noch nicht allzu viel an. Viel interessanter waren das andere Geschlecht und kleine Zettel, die durch die Bankreihen gereicht wurden und auf denen stand: „Wen findest du aus unserer Klasse am besten?"

Brieffreundin im Westen.

Ferienlager

Ein wichtiger Teil der Ferienbeschäftigung waren Ferienlager. Auch wenn der Abschied von den Eltern schwer fiel, nach spätestens zwei Tagen hatten wir uns an die neue Umgebung und die Freiheit gewöhnt. Mit ein paar Dutzend anderen Kindern fuhren wir unter Aufsicht für zwei Wochen in die Wälder Mecklenburgs oder an die Ostsee, manchmal auch nach Polen. Zwei Wochen, die aufregend waren, auch wenn man sehnsuchtsvolle Briefe nach Hause schrieb. Wir wohnten in hölzernen Bungalows, machten Ausflüge oder badeten. Abends schlichen wir uns ins Freie und veranstalteten Blödsinn, zwei Wochen, von denen wir zwar braungebrannt und glücklich zurückkamen, aber nicht selten mit Läusen, sodass uns anschließend eine wochenlange Kur mit Läusekamm und Birkenwasser bevorstand.

Irre Abrafaxe und Pflichtlektüre

Die Lesequote in der DDR war eine der höchsten weltweit. Irgendwie war das schließlich die einzige Form des In-die-Ferne-Reisens, die wir uns erlauben konnten. Wir verschlangen Bücher von Jules Verne oder Karl May, wir liebten die grünen Bücher von Alexander Wolkow („Der Zauberer der Smaragdenstadt", „Der Feuergott der Marranen"), Märchen von Grimm, Bechstein, Andersen, die Kinderausgabe von „Moby Dick" oder die Krimis von Sherlock Holmes. Das Bibliothekssystem war gut ausgebaut und kostenlos. Jeden Monat kauften wir uns das Mosaik-Heft und erlebten mit den Abrafaxen irre Abenteuer. Weniger gern lasen wir die Pflichtlektüre der Schule, Anna Seghers' „Das siebte Kreuz", Bruno Apitz' „Nackt unter Wölfen" oder Dieter Nolls „Die Abenteuer des Werner Holt". Wie durch eine seltsame Fügung war es immer so, dass uns die Bücher, die uns der Staat vorschreiben wollte, nicht gefielen und das, was uns gefiel, verboten war.

Ob die Titel von 1989 auf die politische Situation anspielten?

Wende, Westmark und Begrüßungsgeld

Nicht Fisch, nicht Fleisch.

„Freundschaft" mit tiefer Stimme

Mit 14 war es plötzlich so weit, wir waren selbst die, zu denen wir bislang immer ehrfurchtsvoll aufgeschaut hatten: zu den Blauhemden. Jetzt waren wir diejenigen, die auf den Fahnenappellen mit tiefer Stimme „Freundschaft" riefen und wurden in der Schule mit „Sie" angeredet. Jetzt hatten wir Pausenaufsicht im Hof und mussten auf die Kleinen aufpassen. Mit dem 14. Geburtstag wurde auf entsprechenden Antrag jeder in die Freie Deutsche Jugend aufgenommen. So frei waren wir allerdings gar nicht, aber das sagte man niemandem. Wer nicht in die FDJ ging, hatte mit erheblichen Problemen zu rechnen, ebenso, wer die Jugendweihe verweigerte, etwa aus religiösen Motiven.

Chronik

10. Januar 1988
Der Fußballer Jürgen Sparwasser setzt sich in die BRD ab.

2. Mai 1989
Ungarn baut die Grenzanlagen zu Österreich ab.

4. Juni 1989
Die chinesische Regierung richtet unter demonstrierenden Studenten ein Blutbad auf dem Platz des Himmlischen Friedens in Peking an.

10. September 1989
Ungarn gewährt den DDR-Flüchtlingen ohne Absprache mit der DDR die Ausreise über Österreich. Etwa 30 000 kommen bis Ende September in der BRD an.

8. November 1989
Das Politbüro der SED tritt geschlossen zurück. Egon Krenz bleibt Generalsekretär der SED.

9. November 1989
Fall der Berliner Mauer, Öffnung der Grenzen zur BRD. Hunderttausende fahren über die Grenze nach Westberlin.

28. November 1989
Bundeskanzler Helmut Kohl stellt sein „Zehn-Punkte-Programm zur Überwindung der Teilung Deutschlands und Europas" vor.

23. August 1990
Die Volkskammer erklärt den Beitritt der DDR zum Geltungsbereich des Grundgesetzes.

3. Oktober 1990
Offizieller Tag der Wiedervereinigung.

20. Juni 1991
Der Bundestag beschließt den Umzug von Bonn nach Berlin.

Dezember 1991
Mit der Gründung der GUS (Russland, Ukraine, Weißrussland) betreibt Boris Jelzin die Auflösung der UdSSR.

7. Februar 1992
Die EG-Mitgliedsstaaten unterzeichnen den Vertrag von Maastricht über den Ausbau der Gemeinschaft zu einer Europäischen Union mit einheitlicher Währung.

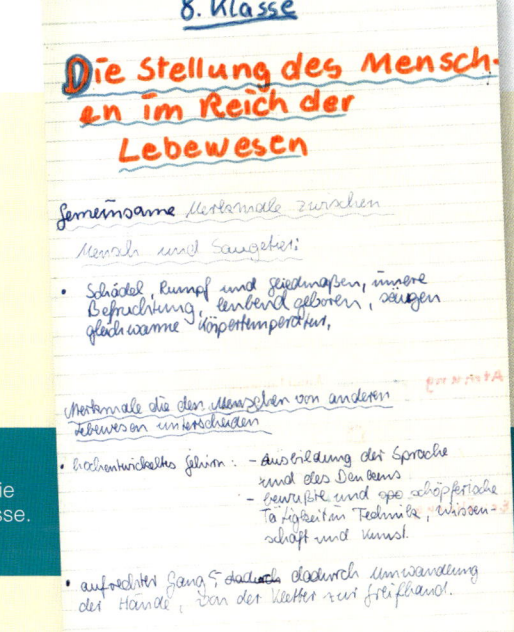

Biologie
8. Klasse.

Aufklärung und Rummel

Viele Jugendliche in der DDR hatten relativ früh erste Beziehungen, was nicht zuletzt an dem offenen Umgang mit dem Thema lag. Die offizielle Aufklärung begann in der 8. Klasse. In den Biobüchern fanden wir Zeichnungen von nackten Frauen und Männern,

Willst du mit mir gehen?

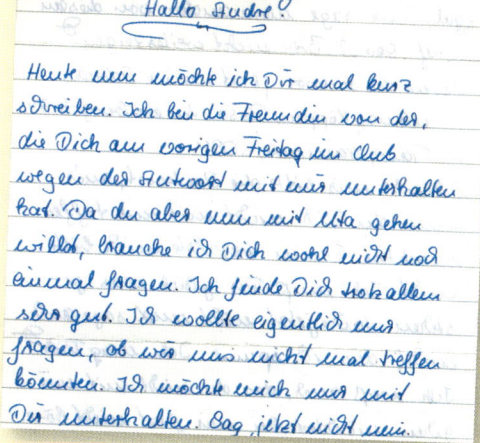

15. bis 18. Lebensjahr

was uns zunächst nur ein Kichern abrang, während der Biolehrer versuchte, das Thema mit dem gleichen Ernst zu behandeln wie den Werdungsprozess des Lurches. Die Mädchen waren den Jungs üblicherweise um zwei bis drei Jahre voraus und schielten nur auf die Älteren. Weil die schon ein Moped oder gar Motorrad hatten? Besonders wichtig für unsere sozialen Kontakte waren die Jugenddiscos und die „Rummel", die ein- bis zweimal jährlich in den Städten ihre Wagen aufbauten. Hier wurden erste Beziehungen geknüpft und beendet, Tränen vergossen und gegen Übelkeit gekämpft – vom Karussell, dem Autoscooter oder auch mal von zu viel Alkohol. Wir schossen eine Blume am Schießstand, kauften uns Zuckerwatte oder einen glasierten Apfel. Wer mit wem und so weiter sorgte noch wochenlang für Diskussionsstoff in der Klasse und für neue kleine Briefchen mit dem Inhalt: „Willst du mit mir gehen?"

So feierlich war uns vorher noch nie zumute. Schließlich wurden wir damit „erwachsen".

Honeckers „liebe junge Freunde"

Einer der größten und feierlichsten Momente unserer Jugend war die Jugendweihe, die Konfirmation des Ostens. Schon Monate vorher klapperte man die Jugendmodeabteilungen in den umliegenden Städten ab, um das passende Outfit zu finden. Die Frage, welcher Junge mit welchem Mädchen am Arm in die Aula einmarschieren würde, konnte ernsthafte Krisen in Freundschaften nach sich ziehen. Wir freuten uns diebisch darauf, dass uns von nun an die Lehrer mit „Sie" anreden mussten, wobei es auch den einen oder anderen „ökigen" Lehrer gab, dem wir es nicht übelnahmen, wenn er uns weiter duzte. Schließlich zogen wir chic, mit silbernem Anzug und Lederschlips bzw. rüschenverziertem Kleid, in die Aula ein, bekamen – was auch sonst? – eine

Die ganze Klasse nach der „Weihe" zum Gruppenfoto.

Urkunde und das Buch „Vom Sinn unseres Lebens". In dem Bildband sprach uns Erich Honecker mit „Liebe junge Freunde" an, dann folgte eine endlose Geschichte des Sozialismus, die wir nie gelesen haben. Das einzige interessante Kapitel befand sich am Ende des Buches, in dem Bilder von sich küssenden Paaren und Texte wie „Liebe als menschlicher Wert" uns auf die erste Beziehung vorbereiten sollten. Das Wichtigste und Beste an der ganzen Prozedur waren jedoch die vielen Geldgeschenke, die man selbst von entfernten Bekannten oder Arbeitskollegen der Eltern bekam. Von dem Batzen Geld konnte man sich am Ende einen Kassettenrekorder oder eine Praktika-Spiegelreflexkamera kaufen oder man sparte gleich für die Simson.

Zur Jugendweihe kam sogar Besuch aus dem Westen.

Abenteuerspielplatz Wehrlager

In der 9. Klasse ereilte die Jungs das Schicksal des Wehrlagers, eine Art Miniaturarmeezeit zum Rechtzeitig-dran-Gewöhnen. Zwei Wochen Soldat spielen, während die Mädchen in der Schule Zivilverteidigung hatten. Gut, es hatte etwas für sich, als 15-Jähriger mit einem echten Kleinkalibergewehr zu schießen – 14 Tage großer Abenteuerspielplatz – doch spätestens bei

Nachtübungen, bei denen wir aus dem Schlaf gerissen wurden, oder langen Märschen mit Gasmasken hörte der Spaß auf. Immerhin lernte der pubertierende Junge hier, wie man ein Bett bezieht und Sachen zusammenfaltet, wie man Schuhe richtig putzt und wie es sich anfühlt, wenn einen die Mädchen besuchen kommen und Lebensmittel durch den Zaun stecken – dann fühlten wir uns schon wie richtige Männer.

Manchmal durfte sogar die Freundin mit der Simson fahren.

Freiheitsgefühl Moped

Einen besonders hohen Stellenwert in unserer Jugendzeit hatte der Mopedführerschein, den man bereits im Alter von 15 Jahren machen durfte. Für die praktische Prüfung musste man einen Hindernisparcours überwinden und einmal durch die Stadt fahren – natürlich hatten wir vorher schon heimlich mit dem Vater auf dem Feldweg geübt. Neidisch blickten wir zwar auf die Älteren, die schon mit ihrer 150er oder 250er MZ durch die Stadt röhrten, doch wir konnten es trotzdem kaum erwarten, einen fahrbaren Untersatz zu haben. Und dann stand sie vor einem: die grüne oder rote Simson S 51. Integralhelm auf und los ging es. Doch das Moped war nicht nur wichtig, um damit ein völlig neues Freiheitsgefühl zu genießen, sondern auch, um daran zu basteln. Ganz wichtig: Eine Enduro musste es sein. Das heißt, man brauchte Geländeprofil auf den Reifen und der Auspuff musste unbedingt nach oben weggehen. Die original geraden Auspuffe waren langweilig und provinziell. Doch um sich eine Enduro basteln zu können, musste man an einen bestimmten Krümmer kommen. Eine Hand wusch die andere, Krümmer war da, bald auch das Schutzblech für den Auspuff und schon hatte man eine Enduro und war der Held.

Die Mauer ist offen!

Tage im November

Im November 1989 überschlugen sich die Ereignisse. Durch ein Missverständnis wurden am 9. November, einem Donnerstag, die Grenzen geöffnet. Auf einer vom Fernsehen live übertragenen Pressekonferenz verlas Günter Schabowski beiläufig einen Beschluss des amtierenden Ministerrates, den ihm angeblich der SED-Generalsekretär Egon Krenz kurz zuvor hatte zustecken lassen: „Privatreisen nach dem Ausland können ohne Vorliegen von Voraussetzungen beantragt werden. Die Genehmigungen werden kurzfristig erteilt." Auf Nachfrage erklärte Schabowski, das trete nach seiner Kenntnis „sofort und unverzüglich" in Kraft. Daraufhin drängten noch am selben Abend Tausende Ostberliner an die Grenze und forderten ihr neues Recht ein.

Nach einem Moment des Zitterns, wie die Grenzsoldaten reagieren würden, öffneten sich kurz vor Mitternacht die ersten Schlagbäume. Der Jubel war unbeschreiblich. Am nächsten Tag fehlten viele auf der Arbeit oder in der Schule. Am Wochenende besuchten Millionen von DDR-Bürgern die grenznahen Städte der Bundesrepublik und Westberlin. Überall kam es zu überschwänglichen Freudenszenen; fremde Menschen umarmten sich, sangen, tanzten und jubelten. Bundeskanzler Helmut Kohl brach seinen Polen-Besuch ab, um vor dem Schöneberger Rathaus in Westberlin auf einer Kundgebung zu sprechen. Der SPD-Ehrenvorsitzende Willy Brandt prägte dort den Satz „Jetzt wächst zusammen, was zusammengehört".

„Das" Volk oder „ein" Volk?

Und plötzlich ging alles rasend schnell. Es gab wohl kaum eine Zeit, in der jeder Tag aufregender war als der vorhergehende. Der massenhaften Flucht der DDR-Bürger über Ungarn und die Botschaften in Prag und Warschau im Sommer '89 folgten die Demonstrationen in Leipzig und Berlin im Herbst, von denen wir jeden Tag in den West-Nachrichten hörten. Es war ein Dominoeffekt

in Gang gekommen, der trotz aller Rettungsversuche der DDR-Oberen unaufhaltsam war. Die einmal in Schwung gekommene Protestlawine überrollte das alte System und spülte alles hinweg. Das Jahr 1989 wurde zum Schicksalsjahr der Deutschen. Wurde am 6. Februar 1989 noch ein Flüchtling an der Grenze erschossen, so stellte Bundeskanzler Helmut Kohl schon im November des Jahres seinen Zehn-Punkte-Plan vor und forderte die Einheit Deutschlands. Tönte Honni noch im Januar 1989: „Die Mauer wird auch in 50 und 100 Jahren noch stehen", so begann exakt ein Jahr später die „Limex-Bau Export – Import" mit dem Verkauf von Mauerstücken. Eine solche erdrutschartige und zugleich friedliche Revolution hatte die Welt noch nicht gesehen. Wer nicht mittendrin war, in den Metropolen, schaute sich das Ganze mit großer innerer Beteiligung aus der Provinz an – manchmal sogar ein bisschen froh, nicht im gefährlichen Zentrum der Veränderungen zu stehen, denn trotz der konsequenten „Keine Gewalt"-Rufe der Demonstranten ging kurzzeitig die Angst vor einem Bürgerkrieg um. Hatten nämlich anfangs noch alle ein und dasselbe Ziel (das Alte muss weg), spalteten sich bald die Forderungen. Aus „Wir sind das Volk" machte ein Teil der Demonstranten „Wir sind ein Volk", Gegner und Befürworter der Wiedervereinigung standen sich unvereinbar gegenüber. Doch jede Forderung nach einer langsamen Annäherung der beiden Staaten verpuffte schließlich vor den lange aufgestauten Bedürfnissen der DDR-Bevölkerung.

Mit vollen Beuteln: zum ersten Mal im Westen.

Die Hälfte der Klasse fehlt

Am 9. November 1989 verplauderte sich Günter Schabowski in einer Pressekonferenz und gab die sofortige und unbeschränkte Reisefreiheit bekannt, am Freitagmorgen beim Frühstück hörten wir davon in den Nachrichten, ungläubig, staunend, gingen aber ganz normal zur Schule. Doch schon am Samstag fehlte die halbe Klasse. ‚Kommen die wieder?', fragten wir uns. Sie kamen alle wieder, schwärmten vom Westen und zeigten stolz die Sachen, die sie von ihren 100 DM Begrüßungsgeld gekauft hatten. Manche ließen sich noch einige Tage

Zeit, bis sie zum ersten Mal in den Westen fuhren, denn am Anfang war ohnehin kein Durchkommen. Drei Millionen reisten am ersten Wochenende über die Grenze und feierten ein riesiges, unglaubliches Vereinigungsfest. Die Grenzstädte waren verstopft mit Trabis und Wartburgs, die Geschäfte waren leergekauft. Da kam man endlich in den Westen und wollte Bananen kaufen – und es gab keine!

So schnell man es ermöglichen konnte, fuhr man in den nächstgelegenen Ort in den Westen und shoppte, was die 100 Mark Begrüßungsgeld hergaben. Viele hatten plötzlich wieder einen wunderbaren Draht zu Oma, Opa, Uroma und Uropa, beziehungsweise zu deren Pässen. Uns gingen die Augen über, uns wurde schwindlig. Ein Geruch wie im Intershop – überall! Man teilte sich das Begrüßungsgeld gut ein und stellte Rechenspiele an, wie man das Maximum an Waren aus einem Minimum an Geld herausbekam. Wir kauften zum Beispiel weiße Adidas-Turnschuhe mit Klettverschluss, auch wenn sie eine Nummer zu klein waren, Pullover, Radios, Obst. Doch hundert Mark waren natürlich nur ein Tropfen auf den heißen Stein. Trotzdem waren wir geblendet vom Westen. Die Häuser waren alle saniert und frisch verputzt, die Straßen ohne Schlaglöcher und sauber, die Menschen so nett und zuvorkommend. In den nächsten Wochen fuhren wir mehrmals über die Grenze und besuchten jene Freunde oder Verwandten, die uns jahrelang mit Westpaketen versorgt hatten.

Abschlussfahrt mit der 10. Klasse nach Rügen.

Liebeskummer und große Politik

Und doch ging in all dieser Umbruchstimmung unser privates Leben weiter, ja, nicht selten trat die große Politik dahinter zurück. Der erste große Liebeskummer beschäftigte uns mehr als der Rücktritt von Erich Honecker, die Noten unseres Abschlusszeugnisses waren für uns ebenso wichtig wie die Montagsdemonstrationen in Leipzig, die Frage, wie es mit uns nach der 10. Klasse weitergeht, hatte in der persönlichen Wahrnehmung die gleiche Bedeutung wie die nach dem Fortbestand des Landes. Die Wende fiel mitten in unsere Pubertät und damit in eine ohnehin intensive Zeit. Privater und politischer Wandel kumulierten mit unserem 16. Lebensjahr. Die ersten Beziehungen wechselten mit jeder Samstags-Disco, die Politiker schneller als die Nachrichten hinterherkamen: Honecker, Krenz, Modrow, de Maizière.

Gut lachen nach der Wende an der EOS.

Verkleidung und Streiche zum Abschluss

In der 10. Klasse war es dann so weit: Der Abschied von der POS nahte. Die Klasse, mit der man zehn Jahre zusammen gewesen war, verstreute sich in alle Winde. Nach den Prüfungen unternahmen wir noch eine Abschlussfahrt, meist an die Ostsee, marschierten die Steilküste entlang, tanzten in der Disco und machten abends und nachts nur Blödsinn. Zum Beispiel: Zahnpasta unter die Türklinke des Lehrerzimmers schmieren, den besten Freund im Doppelstockbett über einem mit den Füßen nach oben stoßen oder die Tür des Mädchenzimmers aufreißen und schnell wegrennen.

Am letzten Schultag verkleideten wir uns und trafen in unseren wilden Aufzügen in der Schule ein. Ein Tag, vor dem die Lehrer jedes Jahr wieder Angst hatten – zu Recht. Wir hoben zu viert den Trabi eines Lehrers an und stellten ihn mit der Fahrertür direkt an die Wand (die Beifahrertür ließ sich nur von innen öffnen),

Verkleidung war am letzten Schultag angesagt, egal wie es aussah.

Und dann an die EOS. Abiturklasse 1991.

wir schufen im Flur ein labyrinthisches Netz aus Klopapier, wir hingen hinter der Turnhalle ab, tranken Sekt und fühlten uns frei, aber uns war auch ein wenig mulmig bei dem Gedanken an das, was da kommen mochte.

WM'90

Fußballweltmeisterschaften hatten für Deutschland schon immer eine große, symbolische Bedeutung (Bern 1954, das Sparwasser-Tor 1974), so auch die WM 1990 in Italien. Deutschland stand nun vollends im Zentrum der Weltöffentlichkeit. Mitten im Taumel der Wiedervereinigung wurden wir Fußballweltmeister – größer konnte die Euphorie kaum sein. Klaus Augenthaler, Pierre Littbarski, „Loddar" Matthäus und natürlich Jürgen Klinsmann hießen unsere Helden, die trainiert wurden von „Kaiser" Franz Beckenbauer und am 8. Juli gegen Argentinien 1:0 gewannen.

ENDSPURT BEI DER WM

Die Fußball-WM 1990 hat es sogar ins Tagebuch geschafft.

15. bis 18. Lebensjahr

Frustration nach der Wende

Spätestens mit Gründung der Treuhand im März 1990 wurde das ganze Ausmaß der Ineffektivität der ostdeutschen Produktion deutlich. Die DDR-Wirtschaft war bankrott, viele Maschinen überaltert. Die Produktivität der ostdeutschen Staatsbetriebe war nicht annähernd so hoch wie die der westdeutschen. Werksschließungen, Verkäufe, Massenentlassungen waren die Folgen. Nach dem Vereinigungstaumel kam die Ernüchterung. Plötzlich wurde allen klar, dass der Weg zur Wiedervereinigung wesentlich länger und steiniger sein würde als angenommen. Der Unmut der Bevölkerung, der sich eben noch gegen die SED-Herrschaft gerichtet hatte, richtete sich nun gegen Helmut Kohl, denn Kohl hatte als zentrale Figur der Vereinigung unhaltbare Versprechungen gemacht –

ob absichtlich oder in Unkenntnis der realen Lage sei dahingestellt. Im Mai 1991 flogen in Halle Eier und Tomaten auf den pfundigen Bundeskanzler. Wutschnaubend lief der auf einen der Eierwerfer zu und nur mit Mühe konnten seine Leibwächter eine Eskalation verhindern. Diese Szene markierte einen Wendepunkt im Verhältnis zwischen Kohl und den Ostdeutschen. Beide waren vermutlich voneinander enttäuscht. Die lang ersehnte D-Mark hatte zwar die Schaufenster gefüllt, aber auch Arbeitslosigkeit gebracht. Die Reisefreiheit war da, aber kaum jemand konnte sich das Reisen leisten. Viele erkannten plötzlich, dass die DDR-Propaganda nicht nur Propaganda gewesen war. Armut, Abwanderung, Rechtsradikalismus waren Anfang der 90er-Jahre die Folge.

Zum ersten Mal im Ausland. Und dann so!

Ballermann und Eiffelturm

Trotz aller Konsumbedürfnisse hatte eines in dieser Zeit Vorrang vor allem anderen: das Reisen. Das jahrelang aufgestaute Fernweh entlud sich nun in Pauschalreisen. Es musste ja nicht gleich Übersee sein – war eh viel zu teuer. Wenn man im Sommer 1990 in Griechenland, Italien, Frankreich oder Spanien eine komplett in Jeans gekleidete, staunende und seltsam nuschelnde Familie entdeckte – es waren garantiert Ossis. Mit dem Bus nach Frankreich, mit dem Ferienflieger nach Spanien – all die Sehnsuchtsorte, die man nur aus Büchern kannte und die zu sehen man schon als Jugendlicher abgeschrieben hatte, waren plötzlich erreichbar. Athen, Paris, Rom – wir Ossis fielen massenweise ins „nichtsozialistische Ausland" ein. „Go Trabi Go" war ein Synonym für unsere neue Reisefreiheit und unsere Naivität, die manchmal belächelt wurde. Doch das war uns egal, wir hatten eine Menge nachzuholen und taten dies auch.

Disco im Hotel in Griechenland.

Nachmittage vorm Amiga

Plötzlich gab es da so Kisten, auf denen man tolle Spiele spielen konnte. Amiga 500 nannte sich das Ding, hatte einen 15-Zoll-Bildschirm und einen 7-Megahertz-Prozessor. Dazu gab es einen rot-schwarzen Joystick und die Amiga-Spiele auf 3,5-Zoll-Disketten. Zum ersten Mal wurden wir mit so etwas wie einer virtuellen Realität konfrontiert und mussten uns von nun an arg zusammenreißen, um die Hausaufgaben noch zu machen. Wir zockten Nachmittage lang „B 17 Flugsimulator", „Hanse", „Pirates!" oder „Stunt Car Racer", später dann „Patrizier" oder „Civilization". Schon die einfachsten Spiele entwickelten ein hohes Maß an Sucht- und Ablenkungspotenzial, was allerdings unserer Reaktionszeit nicht abträglich war. Mit einem Finger hämmerten wir auf der Tastatur oder dem Joystickknopf herum, um den anderen zu besiegen.

Eine Zeit lang unser bester Freund: der Amiga 500.

Zivi oder Bund?

Eines Tages flatterte den 17-jährigen Jungs die Aufforderung zur Musterung ins Haus. Zu DDR-Zeiten wäre eine Wehrdienstverweigerung nahezu unmöglich gewesen, einzig als sogenannter „Bausoldat" hätte man um den Einsatz an der Waffe herumkommen können. Doch diese Geschichte hatte sich ja ohnehin gerade erledigt, sodass viele von uns vor der Frage standen: Armee oder Zivildienst? Eine Überlegung wert war es allein deswegen, weil der Grundwehrdienst nur zwölf Monate dauerte, der Zivildienst hingegen 15 Monate. Bei der engen Abstimmung des Studienbeginns auf das Abitur hieß das in der Regel nicht nur ein Jahr Verlust, sondern zwei Jahre. Manche rissen daher ihre zwölf Monate runter, andere saugten sich eine Begründung für die Verweigerung aus den Fingern und gingen für eineinviertel Jahre in Krankenhäuser oder Altersheime, manche hatten Glück und wurden vom Wehrkreiskommando einfach vergessen, beziehungsweise wegen einer Lappalie ausgemustert. Die BRD sah sich in der Lage, dass ihr Bestand an potenziellen Soldaten sich mit einem Schlag verdoppelt hatte, während die Bedrohung halbiert worden war, das führte Anfang der 90er zu einem generösen Umgang mit dem zu musternden Material. Falls wir ausgemustert wurden, waren wir gerade 18, hatten frisch unseren Schulabschluss und die Welt stand uns offen. Die Wende hatte uns genau zum richtigen Zeitpunkt erwischt. Die Frage danach, welchen Platz wir im System gefunden hätten, mussten wir uns zum Glück nicht mehr stellen.

Mit Fanta und Stieleis im wiedervereinten Berlin.

Und keiner weiß, wo sie ist

Und doch fehlte etwas. Da brach hin und wieder diese Sehnsucht nach einem Land durch, das es nicht mehr gab. Die Punkband Feeling B, die nahezu jedes Wochenende über die Dörfer tingelte, grölte: „Ich such' die DDR und keiner weiß, wo sie ist." Trotz aller Nachteile und Beschränkungen – es war unsere Heimat,

die sich in Luft aufgelöst hatte. Es war anfangs eine seltsame Irritation: Jeder Mensch konnte in seine Heimat fahren, wenn wir hingegen nach Hause kamen, war die Landschaft noch da, aber das Land war weg. Es war, als hätte man einen Schleier von diesem Stück Deutschland gezogen. Überall sah man die radikalen Veränderungen: Auf dem Marktplatz lümmelten die Jugendlichen aus der Schule jetzt in Bomberjacke und mit Springerstiefeln, auf der grünen Wiese wurde ein Einkaufszentrum nach dem anderen hochgezogen, während unsere Väter die Arbeit verloren hatten – konsumieren ohne zu produzieren, irgendetwas stimmte auch an der Logik des neuen Systems nicht. Das Geld, das per Solidaritätszuschlag in den Osten floss, rieselte postwendend in die Taschen der westlichen Firmen zurück, die den einen oder anderen intakten Betrieb in der DDR nur zu gerne für eine symbolische DM aufkauften, um ihn ein Jahr später stillzulegen und dreifachen Gewinn zu machen: Fördergelder abgeschöpft, Maschinen verkauft, einen Konkurrenten ausgeschaltet. Das war die erste Lehrstunde in Sachen Kapitalismus, von der sich einige Ältere nicht mehr erholten.

Ernüchterung machte sich breit. Mit dem DDR-Apparat war irgendwie auch der gemeinsame Feind verloren gegangen, die relative Gleichheit der Lebensumstände, das Gefühl der Zusammengehörigkeit über die gemeinsamen Sehnsüchte. Plötzlich begriffen viele: Freiheit ist nicht nur eine Lust, sondern auch eine Last. Die Gesellschaft wurde radikaler, offener, härter. Viele, vor allem junge Frauen, reagierten darauf mit Abwanderung in den Westen. Auf der anderen Seite wurden die Häuser plötzlich renoviert, alles wurde bunter, auf den Märkten gab es wieder was zu kaufen und mit wenig Geld reisten wir durch die Welt. Wir durften studieren, was und wo wir wollten, wir konnten die Platten hören und die Filme sehen, die uns gefielen. Wir waren in eine Freiheit entlassen, an die wir 74er uns schnell gewöhnten, weil sie unserem Tatendrang entsprach, unserem Alter. Unser Freiheitsgefühl war grenzenlos. Im wahrsten Sinne des Wortes.

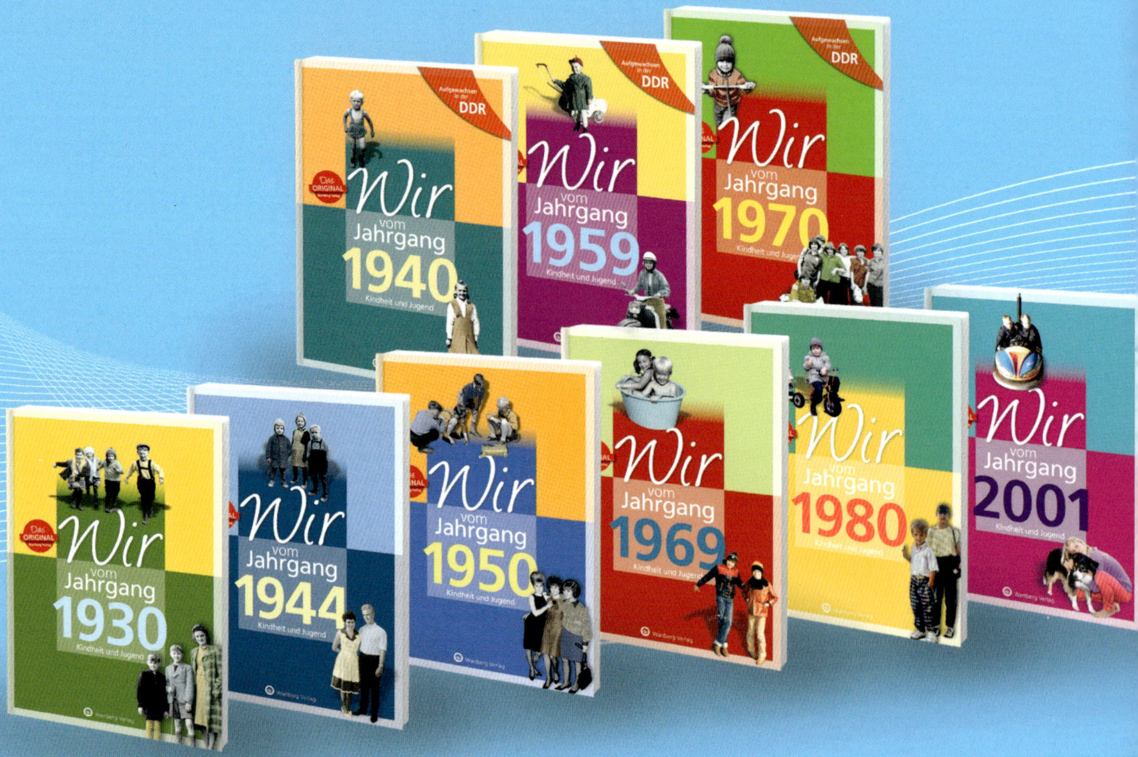